Sekundarstufe

Kurt Schreiner

Stationenlernen
Nationalsozialismus

- Individuelles Lernen
- Differenzierend
- Motivierend

- Übersichtliche Aufgabenkarten
- Schnelle Vorbereitung
- Mit Lösungen zur Selbstkontrolle

KOHL VERLAG
Lernen mit Erfolg
www.kohlverlag.de

Stationenlernen
Nationalsozialismus

5. Auflage 2024

© Kohl-Verlag, Kerpen 2019
Alle Rechte vorbehalten.

<u>Inhalt</u>: Kurt Schreiner
<u>Coverbild</u>: © Bundesarchiv
<u>Redaktion</u>: Kohl-Verlag
<u>Grafik & Satz</u>: Kohl-Verlag
<u>Druck</u>: farbo prepress GmbH, Köln

Bestell-Nr. 12 272

ISBN: 978-3-96040-439-2

Das vorliegende Werk und seine Teile sind urheberrechtlich geschützt. Jede Nutzung in anderen als den gesetzlich zugelassenen Fällen bedarf der vorherigen schriftlichen Einwilligung des Verlages. Hinweis zu § 52a UrhG: Weder das Werk noch seine Teile dürfen ohne eine solche Einwilligung eingescannt und in ein Netzwerk oder das Internet eingestellt werden. Dies gilt auch für Intranets von Schulen und sonstigen Bildungseinrichtungen.

Der vorliegende Band ist eine Print-<u>Einzellizenz</u>

Sie wollen unsere Kopiervorlagen auch digital nutzen? Kein Problem – fast das gesamte KOHL-Sortiment ist auch sofort als PDF-Download erhältlich! Wir haben verschiedene Lizenzmodelle zur Auswahl:

	Print-Version	PDF-Einzellizenz	PDF-Schullizenz	Kombipaket Print & PDF-Einzellizenz	Kombipaket Print & PDF-Schullizenz
Unbefristete Nutzung der Materialien	x	x	x	x	x
Vervielfältigung, Weitergabe und Einsatz der Materialien im eigenen Unterricht	x	x	x	x	x
Nutzung der Materialien durch alle Lehrkräfte des Kollegiums an der lizensierten Schule			x		x
Einstellen des Materials im Intranet oder Schulserver der Institution			x		x

Die erweiterten Lizenzmodelle zu diesem Titel sind jederzeit im Online-Shop unter www.kohlverlag.de erhältlich.

Inhalt

	Seite
Übersicht über die Stationen	4 – 5
Einsatz der Materialien	6 – 7
Stationenlaufzettel	8

1 Zur Vorgeschichte ... 9 – 12
    Kriegsende und demokratischer Neubeginn I ... 9 – 10
    Kriegsende und demokratischer Neubeginn II ... 11 – 12

2 Zur Frühgeschichte der NSDAP ... 13 – 16
    Adolf Hitler und die NSDAP ... 13 – 14
    Adolf Hitler – Biografische Daten (bis 1924) ... 15
    Der Faschismus ... 16
    Das Hakenkreuz ... 16

3 Die nationalsozialistische Weltanschauung ... 17 – 32
    Der Kampf ums Dasein ... 17 – 18
    Der Antisemitismus ... 19 – 20
    Die Juden zwischen Aufklärung und Sozialdarwinismus ... 21 – 22
    Hitler und die Juden ... 23 – 24
    Der Führerstaat ... 25 – 26
    Die Volksgemeinschaft ... 27 – 28
    Die Propaganda ... 29 – 30
    Die Hitlerjugend ... 31 – 32

4 Die Machtergreifung ... 33 – 48
    Der Aufstieg der NSDAP ... 33 – 34
    Auf dem Weg zur Macht ... 35 – 36
    Die Aufhebung der Grundrechte ... 37 – 38
    Das Ermächtigungsgesetz ... 39 – 40
    Gesetz zur Behebung der Not von Volk und Reich („Ermächtigungsgesetz") ... 41 – 42
    Die Festigung der Diktatur ... 43 – 44
    Die Sturmabteilung (SA) ... 45 – 46
    Die Schutzstaffel (SS) ... 45 – 46
    Der Terror ... 47 – 48

5 Die nationalsozialistische Außenpolitik ... 49 – 58
    Annexionen vor Kriegsbeginn ... 49 – 50
    Der Anschluss Österreichs ... 51 – 52
    Die Münchener Konferenz ... 53 – 54
    Die Besetzung der „Resttschechei" ... 55 – 56
    Der Weg in den Krieg ... 57 – 58
    Exkurs I: Der Widerstand gegen das NS-Regime ... 59 – 60
    Exkurs II: Die Kirchen im Dritten Reich ... 59 – 60

6 Der Zweite Weltkrieg ... 61 – 66
    Ein Überblick I – IV ... 61 – 64
    Erlebtes I ... 65
    Erlebtes II ... 66

7 Die Judenverfolgung ... 67 – 73
    Entrechtung und brutale Gewalt ... 67 – 68
    Von der Diskriminierung zum Massenmord ... 69 – 70
    Der Holocaust ... 71 – 72
    Im KZ – Quellentexte zum Nachdenken ... 73

8 Das Ende des Nationalsozialismus ... 74

9 Zeittafel ... 75

Übersicht

1 Zur Vorgeschichte

Stationsname	Niveau	Seite
Kriegsende und demokratischer Neubeginn I	⊙	9
Kriegsende und demokratischer Neubeginn II	⊙	11

2 Zur Frühgeschichte der NSDAP

	Stationsname	Niveau	Seite
	Adolf Hitler und die NSDAP	!	13
Infokarte	Adolf Hitler – Biografische Daten (bis 1924)	!	15
Infokarte	Faschismus	★	16
Infokarte	Das Hakenkreuz	★	16

3 Die nationalsozialistische Weltanschauung

Stationsname	Niveau	Seite
Der Kampf ums Dasein	⊙	17
Der Antisemitismus	⊙	19
Die Juden zwischen Aufklärung und Sozialdarwinismus	!	21
Hitler und die Juden	⊙	23
Der Führerstaat	⊙	25
Die Volksgemeinschaft	!	27
Die Propaganda	★	29
Die Hitlerjugend	!	31

4 Die Machtergreifung

Stationsname	Niveau	Seite
Der Aufstieg der NSDAP	⊙	33
Auf dem Weg zur Macht	⊙	35
Die Aufhebung der Grundrechte	⊙	37
Das Ermächtigungsgesetz	⊙	39
Gesetz zur Behebung der Not von Volk und Reich (Ermächtigungsgesetz)	★	41
Die Festigung der Diktatur	⊙	43
Die Sturmabteilung (SA)	!	45
Die Schutzstaffel (SS)	!	45
Der Terror	★	47

Übersicht

5 Die nationalsozialistische Außenpolitik

Stationsname		Niveau	Seite
	Annexionen vor Kriegsbeginn	⊙	49
	Der Anschluss Österreichs	⊙	51
	Die Münchener Konferenz	⊙	53
	Die Besetzung der „Resttschechei"	⊙	55
	Der Weg in den Krieg	!	57
Infokarte	Exkurs I: Der Widerstand gegen das NS-Regime	!	59
Infokarte	Exkurs II: Die Kirchen im Dritten Reich	★	59

6 Der Zweite Weltkrieg

Stationsname		Niveau	Seite
	Ein Überblick I - IV	!	61
Infokarte	Erlebtes I	!	66
Infokarte	Erlebtes II	!	67

7 Die Judenverfolgung

Stationsname		Niveau	Seite
	Entrechtung und brutale Gewalt	⊙	68
	Von der Diskriminierung zum Massenmord	⊙	70
	Der Holocaust	⊙	72
Infokarte	Im KZ – Quellentexte zum Nachdenken	★	74

8 Das Ende des Nationalsozialismus

Stationsname		Niveau	Seite
Infokarte	Entnazifizierung und Umerziehung	!	75
Infokarte	*Zeittafel*	⊙!★	76

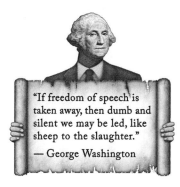

„Wenn uns die Redefreiheit genommen wird, dann können wir dumm und schweigsam wie Schafe zum Schlachten geführt werden."
(George Washington)

Einsatz der Materialien

Sehr geehrte Kollegen und Kolleginnen,

dieses Werk zum **Stationenlernen „Nationalsozialismus"** soll Ihnen ein wenig Ihre alltägliche Arbeit erleichtern. Dabei war es uns besonders wichtig, Stationen zu kreieren, die möglichst schüler- und handlungsorientiert sind und mehrere Lerneingangskanäle ansprechen. Denn nur so kann das Wissen langfristig gespeichert und auch wieder abgerufen werden.

Die Reihenfolge der Stationen orientiert sich in der Regel am geschichtlichen Ablauf. So können sich die Schüler eine zeitliche Abfolge der Ereignisse und Entwicklungen verdeutlichen und in ihrem individuellen Arbeits- und Lerntempo die einzelnen Stationen bearbeiten. Durch den individuell ausfüllbaren Laufzettel wird bei dieser sehr differenzierten Arbeitsform stets der Überblick gewahrt. Die Materialien eignen sich auch hervorragend für die Selbstlernzeit oder als Ausgangspunkt für Gruppendiskussionen.

Das Heft ist in folgende Bereiche aufgeteilt:

- Vorgeschichte
- Frühgeschichte der NSDAP
- Nationalsozialistische Weltanschauung
- Machtergreifung
- Nationalsozialistische Außenpolitik
- Zweiter Weltkrieg
- Judenverfolgung
- Ende des Nationalsozialismus

Stationen:

Die Stationskarten enthalten bewusst keine Nummerierung, um einen flexiblen Einsatz zu gewährleisten. So kann jeder selbst entscheiden, welche Stationen er bearbeiten möchte. Dies können Stationen aus einem Bereich sein, ebenso gut können jedoch Stationskarten aus allen Bereichen vermischt werden. Nach Belieben können Sie die Stationen auch nummerieren, um den Schülern die Zuordnung zu erleichtern. Die Stationen können in Einzel-, Partner- oder Kleingruppenarbeit erarbeitet werden, je nach Vorliebe der Lehrperson bzw. der Klasse.

Einsatz der Materialien

Differenzierung der Aufgaben:

Innerhalb der Bereiche gibt es drei Schwierigkeitsstufen zur Differenzierung.

⊙ - grundlegendes Niveau

! - mittleres Niveau

★ - erweitertes Niveau

Die Aufgaben zum *grundlegenden Niveau* sollten von allen Schülern bearbeitet werden.

Aufgaben mit *mittlerem Niveau* bieten Erweiterungen und höhere Anforderungen.

Die Aufgaben des *erweiterten Niveaus* sind sogenannte Expertenaufgaben und enthalten vertiefende oder weiterführende Inhalte.

Lösungen:

Wer die Aufgaben der Schüler korrigiert, hängt zum einen von der Lerngruppe und zum anderen von den Vorlieben des unterrichtenden Lehrers ab. So kann dieser die Verbesserung der Schüleraufgaben selbst übernehmen oder diese Aufgabe in die Verantwortung der Schüler übergeben. In diesem Fall haben Sie die Möglichkeit, die Karten einfach auszuschneiden und zu laminieren. Die passende Lösung befindet sich dann direkt auf der Rückseite der Aufgabe. Das fördert die einfache Selbstkontrolle. Alternativ können Sie die Seiten jedoch auch kopieren und die Lösungen, für die Schüler erkenntlich markiert, an einem anderen Ort positionieren.

Nach dieser kurzen Einführung wünschen Ihnen viel Spaß beim Einsatz der Materialien Ihr Kohl-Verlag und

Kurt Schreiner

Symbole: ⊙ Grundlegendes Niveau   ! Mittleres Niveau   ★ Erweitertes Niveau

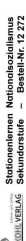

Name: _____   Datum: _____

Stationen-Laufzettel

⊙ **Grundlegendes Niveau**

Station	Stationsname	erledigt	korrigiert

! **Mittleres Niveau**

Station	Stationsname	erledigt	korrigiert

★ **Erweitertes Niveau**

Station	Stationsname	erledigt	korrigiert

Kriegsende und demokratischer Neubeginn I

Zur Vorgeschichte

Im Sommer 1914 hatte der Erste Weltkrieg begonnen. Wie „Schlafwandler" (Christopher Clark) waren die europäischen Mächte in diese „Urkatastrophe des 20. Jahrhunderts" (George F. Kennan) hineingetaumelt. Zu dieser Zeit ahnte wohl niemand, welche Leiden und Zerstörungen der Krieg bringen würde und dass die alte politische Ordnung Europas dem Untergang geweiht war.

Im Deutschen Reich bemühte sich die politische Führung, allen voran Kaiser Wilhelm II., Optimismus und Siegeszuversicht zu verbreiten. Deutschland sei bestens für den Krieg gerüstet und werde als Sieger aus dem Völkerringen hervorgehen.

Die Wirklichkeit sah freilich anders aus. Nun kämpfte die kaiserliche Armee im Westen gegen Frankreich und Großbritannien, schließlich sogar gegen die Vereinigten Staaten von Amerika, im Osten gegen das zaristische Russische Reich. Die Kriegsverluste wuchsen ins Unermessliche; zu Hause bangten Frauen und Kinder um ihre Ehemänner, Söhne und Väter.

Bis kurz vor Ende des Krieges hatte die offizielle Propaganda die Siegeszuversicht aufrechtzuerhalten versucht. Nun musste die Generalität eingestehen, dass Deutschland den Krieg nicht mehr gewinnen konnte. Die allgemeine Enttäuschung entlud sich im November 1918 in einem revolutionären Aufstand. Kaiser Wilhelm II. und die übrigen deutschen Monarchen wurden zum Thronverzicht gezwungen. In Berlin rief der Sozialdemokrat Philipp Scheidemann am 9. November 1918 die demokratische Republik aus. Der Versuch des Spartakusbundes bzw. der Kommunisten, Deutschland in einen Sowjetstaat nach russischem Vorbild umzugestalten, scheiterte. – Die politisch äußerst turbulenten Jahre der Weimarer Republik hatten begonnen.

Schlacht um Verdun, 1916

Aufgabe 1: *Warum ist es im Zusammenhang mit dem Nationalsozialismus notwendig, sich noch einmal über den Ersten Weltkrieg Gedanken zu machen?*

Aufgabe 2: *Wie wurde die für viele überraschende Niederlage des Deutschen Reiches von den Soldaten bzw. von den in der Heimat lebenden Menschen aufgenommen?*

Kriegsende und demokratischer Neubeginn I

Zur Vorgeschichte

Lösungen

Aufgabe 1: Der Erste Weltkrieg veränderte die Lebensverhältnisse in Deutschland und in Europa radikal. Millionen von Menschen waren getötet, zahllose verwundet worden. Der Krieg hatte unermessliche Sachschäden verursacht. Die Gemeinschaft musste für die Kriegswitwen und Kriegswaisen aufkommen.

Die Gräuel des Krieges und die Kriegspropaganda aller Seiten hatten dazu beigetragen, in der Bevölkerung tiefe Hass- und Rachegefühle zu wecken.

Aufgabe 2: Die Niederlage wurde zum nationalen Trauma. Allzulange hatten die meisten Deutschen mit einem Sieg gerechnet und um dieses Ziel zu erreichen ungeheure Entbehrungen und Opfer auf sich genommen.

Viele Soldaten hatten Entsetzliches erlebt und fühlten sich um ihr Opfer betrogen. In der Heimat litten die Menschen unter der durch den Krieg verursachten miserablen Versorgungslage, die Hunger, Krankheit und Not mit sich brachte.
Die „gute alte Zeit", in der der Kaiser geherrscht hatte und alles seinen gewohnten Gang nahm, wurde angesichts der allgemeinen Notlage von vielen Menschen idealisiert.

Die Wiederherstellung der Monarchie schien aber, nach allem, was geschehen war, ausgeschlossen.

Ausrufung der Republik am 9. November 1918 durch Philipp Scheidemann vom Balkon des Reichstagsgebäudes aus.

Kriegsende und demokratischer Neubeginn II

Zur Vorgeschichte

Der Erste Weltkrieg war zu Ende. Mit dem Sturz der Monarchie und der Ausrufung der Republik am 9. November 1918 begann ein demokratischer Neuanfang. Auf dem Hintergrund heftiger innerer Auseinandersetzungen wurde von der Nationalversammlung eine neue Verfassung beschlossen und im August 1919 von dem neuen Reichspräsidenten Friedrich Ebert, einem Sozialdemokraten, unterzeichnet. Weil die deutsche Nationalversammlung in dem im Vergleich zur Reichshauptstadt Berlin politisch ruhigeren Weimar in Thüringen getagt hatte, wurde sie als **Weimarer Verfassung** bezeichnet.

Die junge Republik war von allem Anfang an durch eine Reihe existenzbedrohender Probleme belastet. Die durch den mörderischen Krieg entstandenen Lasten und die innere Zerrissenheit der Bevölkerung behinderten einen raschen wirtschaftlichen und sozialen Wiederaufstieg. Als besonders bedrückend erwies sich der den Deutschen von den alliierten Kriegsgegnern aufgezwungene **Versailler Friedensvertrag** vom Juni 1919. Deutschland verlor einen großen Teil seines Staatsgebietes und alle seine Kolonien. Die Armee wurde auf 100.000 Mann beschränkt. Darüber hinaus wurde das Reich zu hohen Reparationszahlungen verpflichtet. Die Alliierten begründeten ihre Forderungen damit, dass Deutschland (und seine Verbündeten) die Alleinschuld am Krieg trage und dafür angemessen bestraft werden müsse.

> Artikel 231 des Versailler Vertrags („Kriegsschuldartikel"): *„Die alliierten und assoziierten Regierungen erklären und Deutschland erkennt an, dass Deutschland und seine Verbündeten als Urheber für alle Verluste und Schäden verantwortlich sind, die die alliierten und assoziierten Regierungen und ihre Staatsangehörigen infolge des Krieges, der ihnen durch den Angriff Deutschlands und seiner Verbündeten aufgezwungen wurde, erlitten haben."*

Der Versailler Vertrag, der übrigens von allen politischen Gruppierungen bis hin zu den Kommunisten in Deutschland abgelehnt wurde, diente in der Folgezeit vor allem den Nationalsozialisten als Rechtfertigung für ihren erbitterten Kampf gegen die Weimarer Republik und die sie tragenden politischen Parteien, die SPD, das katholische Zentrum und die linksliberale Deutsche Demokratische Partei (DDP).

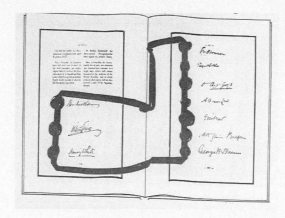

Friedensvertrag von Versailles

Aufgabe 1: Welchen großen Belastungen war die junge Weimarer Republik ausgesetzt?

Aufgabe 2: Diskutiert darüber, wie in Deutschland vermutlich über den Versailler Friedensvertrag geurteilt wurde.

Kriegsende und demokratischer Neubeginn II

Zur Vorgeschichte

Lösungen

Aufgabe 1: Über lange Zeit hatten die Menschen in Deutschland unter den Kriegsfolgen zu leiden. Das Wirtschaftsleben musste von der Kriegswirtschaft wieder auf die Friedenswirtschaft umgestellt werden. Die Versorgung der Kriegerwitwen und Kriegswaisen erforderte ungeheure finanzielle Aufwendung. Durch den Versailler Vertrag hatte Deutschland einen großen Teil seiner Agrargebiete verloren, was die Versorgung der Bevölkerung enorm verschlechterte. Hinzu kam, dass ungeheure Reparationsleistungen (Geld und Waren, z. B. Milchvieh, Schiffe und Lokomotiven) zu erbringen waren.

Aufgabe 2: Individuelle Lösungen. Dabei sollte versucht werden, die jeweiligen Argumente nach Möglichkeit mit geschichtlichen Fakten zu untermauern.

Heute sind sich die allermeisten Historiker darin einig, dass von einer deutschen Alleinschuld am Krieg nicht mehr gesprochen werden kann. („Die Zeit der einseitigen Schwarzweißzeichnungen in der Ursachenforschung zum Ersten Weltkrieg ist vorbei." Herfried Münkler) Schon damals wurden die äußerst harten Friedensbedingungen von nahezu allen Deutschen als ungerecht und unmenschlich empfunden. Freilich, sie waren Ausdruck der durch den Krieg und die damit verbundenen Menschenopfer und Zerstörungen, auch mancher Gräueltaten geweckten Hassgefühle. Viele Menschen waren der Ansicht, das Gute für ihr Vaterland gewollt und getan zu haben.

Der Versailler Vertrag wurde für viele zum nationalen Trauma. Noch war völlig offen, wann und wie Deutschland zur politischen und wirtschaftlichen Normalität zurückkehren würde.

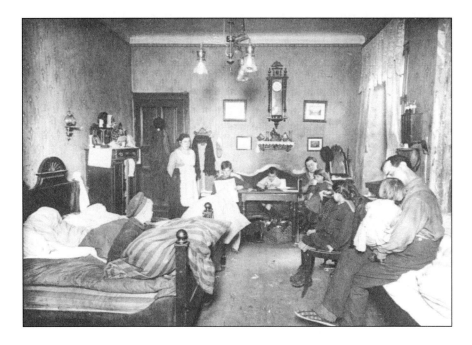

Wohnungselend, 1919 – In einer Stube lebten 11 Personen.

Adolf Hitler und die NSDAP

Zur Frühgeschichte der NSDAP

Die Revolution von 1918/19 und der politische Neubeginn veränderten die deutsche Parteienlandschaft erheblich. Von den traditionellen Parteien blieben die SPD und das Zentrum bestehen. Andere Gruppierungen wählten neue Namen, um sich von der Last der Vergangenheit zu befreien. Kleine Splitterparteien entstanden, die in aller Regel wieder rasch von der Bildfläche verschwanden.

Die **Deutsche Arbeiterpartei (DAP)** wurde im Januar 1919 in München von dem Werkzeugschlosser Anton Drexler und dem Sportjournalisten Karl Harrer gegründet. Sie betrachtete sich als Teil der nationalistisch-völkischen Bewegung und versuchte durch ihre Agitation in kleinen Bierlokalen Anhänger zu werben.

Adolf Hitler nahm im September 1919 erstmals an einer Veranstaltung der Partei teil. Er kam als V-Mann im Auftrag eines Reichswehrkommandos, um Informationen über die neue Partei zu sammeln. Kurz darauf wurde er Mitglied, weil die DAP weitgehend seinen eigenen politischen Vorstellungen entsprach. Er wurde deren Propagandabeauftragter und übernahm Organisationsaufgaben. Zielstrebig erweiterte er seinen Einfluss und erstrebte, selbstverständlich für seine Person, die diktatorische Führung der NSDAP.

Im Februar 1919 wurde die Partei unter dem Druck Adolf Hitlers und seiner Gesinnungsgenossen in **Nationalsozialistische Deutsche Arbeiterpartei (NSDAP)** umbenannt. Sie gab sich ein Programm, das sogenannte 25-Punkte-Programm. Wichtigste Programmpunkte waren der Kampf gegen den Versailler Vertrag, der Antisemitismus und die Stärkung der Volksgemeinschaft. – Seit Juli 1921 war Hitler Vorsitzender der Partei.

Das radikale und militante Auftreten der NSDAP führte in den folgenden Jahren zu einer Reihe von Verboten. Die Weimarer Republik hatte, um die neue demokratische Staatsordnung vor Extremisten von rechts und von links zu schützen, im Jahr 1922 das **Republikschutzgesetz** beschlossen.

Dennoch war es der NSDAP – vor allem in Bayern – gelungen, zahlreiche Anhänger zu gewinnen. Hitler, der inzwischen der weithin unangefochtene Führer der Partei geworden war, nützte die zahlreichen inneren Konflikte der Weimarer Republik, u. a. die (Hyper-) Inflation, um am 9. November 1923 die Macht in Deutschland an sich zu reißen. Der Putschversuch, die beabsichtigte Absetzung der Reichsregierung in Berlin und der Marsch zur Feldherrnhalle, endeten kläglich. Hitler wurde verhaftet und auf der Festung Landsberg am Lech eingesperrt. Die NSDAP wurde verboten, das Parteivermögen konfisziert. Die nationalsozialistische Bewegung schien am Ende zu sein.

Hitlers DAP-Mitgliedskarte

Aufgabe 1: *Was könnte Adolf Hitler bewogen haben, der bis dahin unbedeutenden Deutschen Arbeiterpartei beizutreten?*

Aufgabe 2: *Hitler nützte das Krisenjahr 1923 für einen Putschversuch. Welche Krisen zwischen 1918/19 und 1923 sind dir bekannt? (alle Hilfsmittel erlaubt)*

Adolf Hitler und die NSDAP

Zur Frühgeschichte der NSDAP

Lösungen

25-Punte Programm der NSDAP von 1920

Aufgabe 1: Hitler hatte sehr rasch erkannt, dass die DAP ähnliche weltanschauliche Grundsätze vertrat wie er selbst. Die noch unbedeutende Splitterpartei bot ihm die Möglichkeit, sich politisch, auch als Organisator und als Parteiredner zu profilieren und bestimmenden Einfluss zu gewinnen. Wichtig war, Schritt für Schritt seine Führung auszubauen und die zahlenmäßig schwache Organisation in eine Partei mit einer breiten, willfährigen Massenbasis umzuformen.

Aufgabe 2: Hitler war ein entschiedener Gegner der Weimarer Republik und der sie tragenden Parteien. Die Schwäche des „Systems" und der Demokratie an sich zeigte sich nach seiner Auffassung in den zahlreichen Krisen.

Dazu gehörten:
- der Versailler Friedensvertrag und die erzwungene Zustimmung zu den dort niedergelegten Bedingungen
- der republikfeindliche Kapp-Putsch von 1920
- die Ermordung des früheren Finanzministers Matthias Erzberger und des Reichsaußenministers Walther Rathenau 1921 bzw. 1922
- die Besetzung des Ruhrgebiets durch französische und belgische Truppen wegen ausstehender Reparationszahlungen
- die Hyperinflation mit ihrem Höhepunkt im Jahr 1923

5 Milliarden Mark (10. September 1923)

Adolf Hitler – Biografische Daten (bis 1924)

INFOKARTE
Frühgeschichte der NSDAP

20. April 1889	geboren in Braunau am Inn (Oberösterreich) als Sohn eines Zollbeamten
1903	Tod des Vaters
1905	Verlassen der Realschule ohne Abschluss
1907	Tod der Mutter
1907/08	zwei erfolglose Bewerbung an der Akademie der Künste in Wien, Obdachlosenasyl, weil das elterliche Erbe aufgebraucht ist, Gelegenheitstätigkeit als Maler und Zeichner
Mai 1913	Übersiedlung nach Deutschland (München), um der Wehrpflicht in Österreich-Ungarn zu entgehen
1914 - 1918	freiwillige Meldung zum Militärdienst, Teilnahme als Soldat (Gefreiter) in der deutschen Armee
Oktober 1919	Eintritt in die Deutsche Arbeiterpartei (DAP)
1920	Umbenennung der DAP in Nationalsozialistische Deutsche Arbeiterpartei (NSDAP)
Juli 1921	Vorsitzender der NSDAP, Abschaffung der innerparteilichen Demokratie und Durchsetzung des Führerprinzips
9. November 1923	Putschversuch Hitlers und der NSDAP in München / Verbot der NSDAP Verurteilung Hitlers zu 5 Jahren Haft / während der Haftzeit Abfassung der biografischen Programmschrift „Mein Kampf" (1. Teil)
Dezember 1924	nach 13 Monaten vorzeitige Entlassung aus der Haftanstalt Festung Landsberg am Lech

Adolf Hitler (ganz rechts) als Soldat im Ersten Weltkrieg

„Hier [bei der DAP] konnte noch der Inhalt, das Ziel und der Weg bestimmt werden, was bei den bestehenden großen Parteien von Anfang an schon wegfiel."

(Adolf Hitler: Mein Kampf)

Der Faschismus

INFOKARTE
Frühgeschichte der NSDAP

Der Begriff Faschismus bezeichnet politische Bewegungen, die einen extremen Nationalismus vertreten und nach dem Führerprinzip organisiert sind. Sie kämpfen gegen Liberalismus und Sozialismus bzw. Marxismus und lehnen die parlamentarische Demokratie entschieden ab.

Der Begriff geht auf die militante politische Bewegung von Benito Mussolini in Italien zurück. Das lateinische Wort „fascis" bezeichnete das Rutenbündel, das im alten Rom Symbol für die Macht höchster staatlicher Würdenträger war. Mussolini erkämpfte im Jahr 1922 die Herrschaft in Italien und errichtete hier eine auf seine Person ausgerichtete Diktatur.

In der Zeit zwischen dem Ersten und dem Zweiten Weltkrieg entstanden in zahlreichen Ländern faschistische Bewegungen. Beherrschenden Einfluss gewannen sie in Italien, Österreich, Kroatien, Rumänien, Spanien und Ungarn. Eine dieser Bewegungen war der deutsche Nationalsozialismus. Wegen seiner unvergleichlichen Radikalität lässt er sich aber nur bedingt mit anderen faschistischen Bewegungen vergleichen.

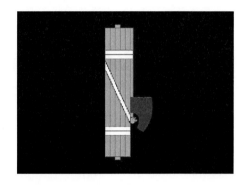

Flagge der Faschistischen Partei in Italien (Rutenbündel und Henkersbeil)

Das Hakenkreuz

Das Hakenkreuz (in Sanskrit: Swastika) gibt es seit Jahrtausenden in unterschiedlichsten Kulturen. Eine einheitliche symbolische Bedeutung besaß es nicht. Allerdings wird es im Buddhismus und im Hinduismus auch heute noch als Glückssymbol verwendet.

Nationalflagge des Deutschen Reiches (1935 - 45)

In nationalistischen Kreisen galt es als das Symbol der „Arier" und wurde von ihnen für den Rassenkampf, insbesondere gegen die Juden, instrumentalisiert. Seit 1920 war es das allgegenwärtige Symbol der NSDAP. Im Jahr 1935 wurde es Teil der Nationalflagge. Sie zeigte zwar die alten Reichsfarben schwarz-weiß-rot, sollte aber ganz bewusst den Neuanfang im nationalsozialistischen Volksstaat symbolisieren. Zu keinem Zeitpunkt dachte Hitler daran, das wilhelminische Reich von 1871 wiederherzustellen.

Mit dem Hakenkreuz verbindet sich die Erinnerung an das verbrecherische Gewaltsystem Hitlers und der Nationalsozialisten. Deshalb ist es heute in Deutschland und in Österreich verboten. Es darf nur noch – wie hier – im Rahmen der „staatsbürgerlichen Aufklärung" verwendet werden.

Der Kampf ums Dasein

Die nationalsozialistische Weltanschauung

Ideologien sind Ausdruck einer Gesamtsicht auf politische und soziale Fragen. Das bekannteste Beispiel ist die Ideologie des Marxismus-Leninismus. Karl Marx, Friedrich Engels und Wladimir Iljitsch Lenin entwarfen ein System, das vermeintlich alle historisch-politischen Erscheinungen miteinander verband und erklärbar machte. Sie nannten es historischen bzw. dialektischen Materialismus.

Die Nationalsozialisten sprachen nicht von Ideologie, sondern von **Weltanschauung**. Sie beinhaltet kein in sich geschlossenes System, sondern eine Reihe von Einzelaspekten. Ihr Urheber war Adolf Hitler, der Führer der Nationalsozialistischen Deutschen Arbeiterpartei. Seine Ideen stammten aber von einer Reihe unterschiedlicher Vorläufer, die sich Hitler als besessener Leser und Diskutierer zu eigen gemacht hatte.

Eine große Rolle in seinem Weltbild spielte der biologistische **Sozialdarwinismus**. Zwischen den Völkern der Erde bzw. den verschiedenen Rassen herrscht ein fortwährender „Kampf ums Dasein". Letzten Endes kann nur überleben, wer sich in diesem Kampf als der Stärkere beweist.

Die von der Natur privilegierte Rasse sind die **Arier**. Innerhalb dieser Völkergruppe kommt den Germanen und insbesondere den Deutschen der allerhöchste Rang zu. Nach Hitlers Auffassung sind sie zur Weltherrschaft berufen und berechtigt, die minderwertigen Völker und Rassen, z. B. die slawischen Ostvölker, zu unterwerfen und zu versklaven.

Zum Kampf ums Dasein gehört insbesondere auch der Kampf gegen die „jüdische Rasse" bzw. das „internationale Judentum". Die Juden – so Hitler – seien Parasiten und Kulturzerstörer. Die Deutschen könnten nur dann überleben, wenn es ihnen gelänge, ihren übermächtigen und verderblichen Einfluss zu brechen.

Die Demokratie, wie sie als Folge der Revolution in den Jahren 1918/19 entstanden war, sei ein vor allem auch von Juden vorangetriebener Irrweg. Deutschland werde dann mächtig und durchsetzungsfähig sein, wenn es von einem begnadeten Führer regiert werde. Die anzustrebende Staatsform sei der **Führerstaat**. An die Stelle der Zerrissenheit, wie sie die Weimarer Republik gezeigt habe, müsse die **Volksgemeinschaft** treten, die von einem gemeinsamen Willen und von gemeinsamen Zielen bestimmt werde: „Ein Volk, ein Reich, ein Führer."

Die Weltanschauung Hitlers und der von ihm völlig abhängigen Partei war autoritär, weil Widerspruch nicht geduldet wurde, und totalitär (lat. *totus = ganz, völlig*), weil sie für die Menschen in Deutschland in allen Lebensbereichen verpflichtend war.

Volksgemeinschaft (Plakat)

Aufgabe 1: *Welche Folgerungen ergeben sich aus dem Anspruch, dass die Deutschen das beste Volk der Erde seien?*

Aufgabe 2: *Wie vollzieht sich Meinungsbildung in der Demokratie bzw. im Führerstaat?*

Aufgabe 3: *Notiere eine kurze Definition des Begriffes „totalitär". Überprüfe sie ggf. mit Hilfe eines Lexikons oder des Internets.*

Der Kampf ums Dasein

Die nationalsozialistische Weltanschauung

Lösungen

Aufgabe 1: Dieser Anspruch ist Ausdruck einer pathologischen, krankhaften Überheblichkeit. Das eigene Volk wird mythisch überhöht. Folgerichtig sind alle anderen Völker weniger wert, vielleicht sogar „minderwertig" oder schlecht.

Das höchste Volk der Erde hat das Recht, die Welt zu beherrschen. Allerdings ist dieses Ziel nur durch Kampf (Krieg) zu erreichen, und in diesem Kampf muss es immer wieder seine Überlegenheit unter Beweis stellen. Eine Folge davon ist, dass alles getan werden muss, um das hohe Ziel zu erreichen (Erziehung der Jugend, vormilitärische und militärische Erziehung, Kriegsrüstung und die Entwicklung immer wirkungsvollerer Waffen).

Die eigene Einschätzung und der Versuch, sich durchzusetzen, führt zu ständigen Konflikten mit anderen Staaten und Völkern. Eine internationale Friedensordnung, die auf Gleichberechtigung und Ausgleich zielt, ist weder erwünscht noch erreichbar.

„Der arische Typus: Blond wie Hitler, schlank wie Göring, groß wie Goebbels"
(französische Karikatur)

Aufgabe 2: In der Demokratie erfolgt die Meinungsbildung demokratisch, d. h., dass die Bevölkerung in geeigneter Weise daran teilnimmt (z. B. durch die garantierte freie Meinungsäußerung, durch Parteien und Verbände, Presse, Internet, Veranstaltungen, Demonstrationen). Dazu gehört aber auch, dass man sich gegen den Missbrauch des Meinungsäußerungsrechtes wappnet und beispielsweise dazu beiträgt, „fake news" (gezielte Falschmeldungen) zu entlarven und zurückzuweisen.

Im Führerstaat bestimmt der Führer (Diktator), was gilt. Abweichende Meinungen werden nicht zur Kenntnis genommen oder verboten. Die Presse darf nicht frei berichten. Polizei und Geheimdienst unterdrücken jeden Widerstand.

Aufgabe 3: totalitär:

alle Lebensbereiche gewaltsam erfassende, die gesamte Macht diktatorisch zusammenhaltend (DUDEN Bedeutungswörterbuch, 1970)

Politik, Erziehung: in alle Bereiche des Lebens hineinwirkend, meist auch autoritär, undemokratisch, gewaltsam reglementierend (Internet Wiktionary)

Der Antisemitismus

Die nationalsozialistische Weltanschauung

Über lange Zeit hatten die Juden in Palästina einen eigenen Staat besessen. Nun aber gerieten sie in Abhängigkeit von dem sich stetig ausdehnenden Römischen Reich.

Als sie sich gegen die römische Herrschaft wehrten, besetzte Titus, der spätere Kaiser, im Jahr 70 n. Chr. die Hauptstadt Jerusalem und ließ den Tempel, das höchste Heiligtum der Juden, zerstören. Die Bewohner des Landes wurden in alle Welt zerstreut (Diaspora). Aber die Sehnsucht nach dem Land der Väter und einem eigenen jüdischen Staat blieb.

Die Feindseligkeit gegenüber dem fremden Volk, das sich in so manchem von den Einheimischen unterschied, gab es von Anfang an. Die Juden verteidigten ihren Zusammenhalt, indem sie ihrem monotheistischen Glauben treu blieben und die sie von anderen unterscheidenden Traditionen weiterpflegten. Es konnte nicht ausbleiben, dass sie, die „Fremden", deshalb von anderen verachtet und geschmäht wurden. Ein religiöses Motiv kam hinzu: Nicht nur, dass sie dem alten, durch das Christentum vermeintlich abgelösten Glauben anhingen. Sie galten auch als „Christusmörder" und schließlich auch als „Hostienschänder".

Auch wenn es Phasen eines friedlichen Miteinanders – oder besser: Nebeneinanders – gab, verstärkte sich die vor allem religiös motivierte Ablehnung der Juden zusehends und wurde stetig aggressiver. Für viele waren die Juden Verkörperungen des Unerwünschten und Bösen. Häufig wurden sie gezwungen, sich taufen zu lassen, mussten sich in eigenen von den christlichen Bewohnern getrennten Wohnbezirken **(Getto/Ghetto)** ansiedeln und unterschieden sich durch ihre ihnen aufgezwungene besondere Kleidung (u. a. den spitzen Judenhut).

Landesherren nützten die Besonderheit der jüdischen Bevölkerung und ihre Ablehnung durch die Einheimischen, indem sie den Juden **Schutzbriefe** ausstellten. So waren sie fürs Erste vor Verfolgungen sicher, hatten dafür aber einen hohen Preis zu zahlen.

In Krisensituationen verstärkte sich der Judenhass ins Unerträgliche. Beispielhaft sei hier die **Pestepidemie** genannt, die zwischen 1343 und 1356 tobte. 20 bis 25 Millionen und damit etwa ein Drittel der Bevölkerung Europas wurden durch die Seuche dahingerafft. Die Menschen waren dem „Schwarzen Tod" hilflos ausgeliefert. Eine verstandesmäßige, rationale Erklärung gab es nicht.

Verzweiflung und Ratlosigkeit führten dazu, dass die Menschen in den Juden die Verursacher der mörderischen Epidemie sahen. Angeblich hatten sie aus Hass und Rachegefühlen die Brunnen vergiftet. In zahlreichen Städten kam es zu blutigen Massakern. Sie wurden mit dem aus dem Russischen stammenden Wort **Pogrom** (Verwüstung, Krawall) bezeichnet. In Straßburg beispielsweise wurden 900 von 1884 Juden ermordet. In zahlreichen anderen Städten geschah Ähnliches. Viele Juden zündeten ihre Häuser an und verbrannten sich selbst, um der christlichen Zwangstaufe zu entgehen. Der Versuch besonnener Stadtväter, das Schlimmste zu verhindern, wurde durch den fanatischen Mob immer wieder unterbunden.

Aufgabe 1: *Welche Auswirkungen hatten die Eroberung Jerusalems durch den römischen Feldherrn Titus und die Vertreibung der Juden aus Palästina?*

Aufgabe 2: *Wie konnten die antijüdischen Pogrome im Zusammenhang mit der Pestepidemie im 14. Jahrhundert entstehen?*

Der Antisemitismus

Die nationalsozialistische Weltanschauung

Lösungen

Aufgabe 1: Den jüdischen Staat gab es nicht mehr. Er war nun eine römische Provinz. Die Juden, die den Krieg überlebt hatten, flohen oder wurden vertrieben und verbreiteten sich über die ganze damals bekannte Welt. Sie lebten fortan in der Diaspora (grch. *Zerstreuung*).

Die Klagemauer in Jerusalem, Überrest des Tempels – Im Vordergrund (unten) Betende

Begräbnis von Pestopfern in Tournai/Frankreich (um 1350)

Aufgabe 2: Die Menschen suchten Gründe für die schreckliche Seuche, die ungeheure Opfer forderte und jeden Einzelnen tagtäglich bedrohte. – Erst im 19. Jahrhundert wurde eine wissenschaftliche Erklärung für die Entstehung und Verbreitung der Epidemie gefunden. Bis dahin war man auf Vermutungen angewiesen.

Vielen erschien es einleuchtend, dass die verachteten und zugleich gefürchteten Fremden für die Krankheit verantwortlich waren. Sie hatten vermeintlich aus Feindseligkeit und Hass die Trinkwasserbrunnen vergiftet. Der Hass entwickelte sich zur Hysterie. Die Nichtjuden glaubten im Recht zu sein, wenn sie die Juden verfolgten und töteten.

Die nationalsozialistische Weltanschauung

Die Juden zwischen Aufklärung und Sozialdarwinismus

Es war ein langer Weg, bis die Menschen zu der Einsicht gelangten, dass im Prinzip alle gleich bzw. von Gott mit den gleichen Rechten ausgestattet worden seien. In der amerikanischen Unabhängigkeitserklärung von 1776 heißt es:

> „Wir halten es für Wahrheiten, die keines Beweises bedürfen: Dass alle Menschen vor ihrem Schöpfer gleich sind; dass er ihnen gewisse unveräußerliche Rechte verliehen hat und dass zu diesen Rechten Leben, Freiheit und das Streben nach Glück gehören."

In dieser Zeit, der Zeit der **Aufklärung**, veränderte sich folgerichtig auch das Verhältnis zu den Juden. Sehr bekannt ist das Drama „Nathan der Weise" von Gotthold Ephraim Lessing (1779), das der Autor nach einem weisen, gottesfürchtigen, toleranten und menschlich handelnden Juden benannt hatte. Es sollte dazu beitragen, das Verhältnis zwischen Juden und Nichtjuden zu verbessern.

Einsichtige Staatsmänner setzten in einer Reihe von Ländern die sogenannte **Judenemanzipation** durch, so in Frankreich 1791 und in Preußen 1812. Viele Juden verließen die Enge des Ghettos bzw. der eigenen Wohnbereiche und passten sich in ihren Lebensgewohnheiten der nichtjüdischen Bevölkerung an. Viele ließen sich taufen. Sie **assimilierten** sich.

> „§ 1. Die in unsern Staaten jetzt wohnhaften [...] Juden und deren Familien sind für Einländer und preußische Staatsbürger zu achten."
> (Preußisches Emanzipationsedikt, 1812)

Das Gesagte darf nicht darüber hinwegtäuschen, dass die rechtliche Gleichstellung die in der Bevölkerung tief verwurzelten antijüdischen Vorurteile nicht beseitigen konnte. Für viele galten die jüdischen Finanziers als „Halsabschneider". Vor allem in akademischen Berufen wurden sie oft als lästige Konkurrenz empfunden. In Romanen und Erzählungen aus dieser Zeit lassen sich unzählige Belege für tiefgreifende antijüdische Ressentiments finden.

In der zweiten Hälfte des 19. Jahrhundert vollzog sich eine dramatische Wende und Verschärfung der Konflikte: Im Jahr 1859 hatte der englische Naturforscher Charles Darwin sein berühmtes Werk „Über die Entstehung der Arten" veröffentlicht und damit die moderne Evolutionstheorie begründet. Danach entsteht der Wandel im Tier- und Pflanzenreich durch Veränderung, Vererbung und Auslese. Eine kurze Formel für diesen Prozess lautet: „Survival of the fittest", d. h., dass nur diejenigen Arten überleben werden, die sich am besten an den Veränderungsprozess anpassen können. Diese Lehre vom „Kampf ums Dasein" wurde von anderen auf die Gesellschaft übertragen und so zum **Sozialdarwinismus**. Nur die höheren Menschenrassen könnten sie sich gegenüber den niedrigeren behaupten.

Schon in den Jahren 1853 bis 1855 hatte Arthur de Gobineau ein Buch über die „Ungleichheit der Menschenrassen" veröffentlicht und dabei die Theorie von der arischen Herrenrasse entwickelt.

Im Jahr 1899 erschien das Buch „Die Grundlagen des 19. Jahrhunderts" von Houston Stewart Chamberlain. Er forderte die Reinheit der arischen Rasse und kämpfte gegen die Vermischung der Rassen. Er wurde damit zum bedeutendsten frühen Vertreter des **Rassenantisemitismus**.

Aufgabe 1: Warum konnten die Aufklärer die Judenfrage nicht abschließend lösen?

Aufgabe 2: Definiere den Begriff „Sozialdarwinismus".

Aufgabe 3: Was bedeutet der Begriff „Rassenantisemitismus"? Vergleiche ihn mit der vorausgegangenen, religiös begründeten Judenfeindschaft.

Die Juden zwischen Aufklärung und Sozialdarwinismus

Die nationalsozialistische Weltanschauung

Lösungen

Aufgabe 1: Die Aufklärer waren nicht die Bevölkerung schlechthin, sondern eine vor allem philosophisch, historisch und juristisch gebildete Minderheit. Sie versuchten, die übrige Bevölkerung von ihren Idealen zu überzeugen, stießen aber immer wieder an unüberwindliche Grenzen. Auf juristischem und politischem Gebiet konnten sie sich in manchen Ländern durchsetzen. Freilich fehlte es nicht an Widerständen und gelegentlich erheblichen Rückschlägen.

Die Mehrheit der Bevölkerung war in ihren Vorurteilen befangen und zumeist nicht umzustimmen. Bekanntlich sind soziale Ressentiments oft sehr hartnäckig: „die Russen", „die Chinesen", „die Schwulen", „die Autofahrerinnen" ...

Aufgabe 2: Der darwinsche Entwicklungsbegriff wurde vor allem von rassistisch eingestellten Zeitgenossen auf die menschliche Gesellschaft übertragen. Es gab danach kulturell höhere und niedere Rassen, die in einem ständigen Kampf ums Überleben standen. Nur die allerbesten vermochten sich auf Dauer zu behaupten.

Darwin wandte sich später gegen diese soziologische Umdeutung seiner Lehre. Sie lässt außer Acht, dass für Menschen andere Voraussetzungen gelten als für Tiere. Er kann sich z. B. verstandesmäßig organisierte gesellschaftliche Regeln schaffen; er kennt soziale Verantwortung und gegebenenfalls auch Mitleid mit anderen.

Aufgabe 3: Der frühe Antijudaismus war religiös begründet. Er richtete sich gegen den jüdischen Glauben, der nach christlicher Auffassung ja durch das Christentum abgelöst worden war. Die Juden galten als Christusmörder. In der Regel konnte sich derjenige, der sich taufen ließ, weiterer Diskriminierung und weiteren Verfolgungen entziehen.

Der Rassenantisemitismus bezog sich auf das Erbgut („Blut") der jeweiligen Menschenrassen. So waren die „Arier" angeblich gut und zur Herrschaft bestimmt, insbesondere die Juden, „Zigeuner" oder „Neger" schlecht.

Der schreckliche Trugschluss der Nationalsozialisten lautete sinngemäß: Wenn wir das Böse auf dieser Welt ausrotten wollen, dann müssen wir die Juden u. a. daran hindern, ihr Erbgut weiterzugeben (Sterilisation, Völkermord).

Der Naturforscher Charles Darwin

Hitler und die Juden

Die nationalsozialistische Weltanschauung

Adolf Hitler hat sich bereits in seinem Buch „Mein Kampf" (1925/26) ausführlich über sein Verhältnis zum Judentum geäußert. Die hier wiedergegebenen Buchauszüge sprechen eine deutliche Sprache.

1. *Wenn wir all die Ursachen des deutschen Zusammenbruches [1918] vor unserem Auge vorbeiziehen lassen, dann bleibt als die letzte und ausschlaggebende das Nichterkennen des Rassenproblems und besonders der jüdischen Gefahr übrig.*

2. *Hätte man zu Kriegsbeginn und während des Krieges einmal zwölf- oder fünfzehntausend dieser hebräischen Volksverderber so unter Giftgas gehalten, wie Hunderttausende unserer allerbesten deutschen Arbeiter aus allen Schichten und Berufen es im Felde erdulden mussten, dann wäre das Millionenopfer der Front nicht vergeblich gewesen. Im Gegenteil: Zwölftausend Schurken zur rechten Zeit beseitigt, hätten vielleicht einer Million ordentlicher, für die Zukunft wertvoller Deutschen das Leben gerettet.*

Adolf Hitler:
Mein Kampf (Ausgabe von 1943)

3. *Das Vorgehen des Juden dabei ist folgendes: Er macht sich an den Arbeiter heran, heuchelt Mitleid mit dessen Schicksal oder gar Empörung über dessen Los des Elends und der Armut, um auf diesem Wege das Vertrauen zu gewinnen. Er bemüht sich, alle die einzelnen tatsächlichen oder auch eingebildeten Härten seines Lebens zu studieren – und die Sehnsucht nach Änderung eines solchen Daseins zu erwecken. Das in jedem arischen Menschen irgendwie schlummernde Bedürfnis nach sozialer Gerechtigkeit steigert er in unendlich kluger Weise zum Hass gegen die vom Glück besser Bedachten und gibt dabei dem Kampfe um die Beseitigung sozialer Schäden ein ganz bestimmtes weltanschauungsgemäßes Gepräge. Er begründet die marxistische Lehre.*

4. *Er [der Jude] ist und bleibt der ewige Parasit, ein Schmarotzer, der wie ein schädlicher Bazillus sich immer mehr ausbreitet, sowie nur ein günstiger Nährboden dazu einlädt. Die Wirkung seines Daseins aber gleicht ebenfalls der von Schmarotzern: wo er auftritt, stirbt das Wirtsvolk nach kürzerer oder längerer Zeit ab.*

Aufgabe 1: Lest die einzelnen Texte, evtl. in Arbeitsgruppen, und diskutiert darüber.

Aufgabe 2: Wo wird der abgrundtiefe Hass des Führers der NSDAP gegenüber den Juden besonders sichtbar?

Hitler und die Juden

Die nationalsozialistische Weltanschauung

Lösungen

Aufgabe 1: Folgende Gesichtspunkte sollten genauer betrachtet und besprochen werden:

1. die Ursache für die Niederlage des Deutschen Reiches im Ersten Weltkrieg
2. die Art und Weise, auf die Hitler mit den vermeintlichen Kriegsschuldigen umgehen würde
3. die Gründe für die Entstehung des Marxismus, wozu Hitler auch die Sozialdemokratie rechnet
4. der Jude in seinem Verhältnis zum sogenannten „Wirtsvolk", den Deutschen

Aufgabe 2: Die Textauszüge 2 und 4 zeigen den abgrundtiefen Hass auf die Juden und die mörderische Radikalität, wie der Führer der NSDAP über sie denkt. Nach seiner Auffassung hätten Tausende und Abertausende deutscher Soldaten nicht geopfert werden müssen, wenn man die eigentlichen Kriegsschuldigen, nämlich die Juden, an ihrer Stelle „zur rechten Zeit beseitigt" hätte.

In den Jahren, als „Mein Kampf" entstand, ahnte wohl noch niemand, dass der Text eine düstere Prophezeiung enthielt.

In Text 4 werden die Juden mit gefährlichen Bazillen verglichen. Nicht nur, dass sie das „Wirtsvolk" aussaugen. Letzten Endes wird es ihretwegen sogar absterben.

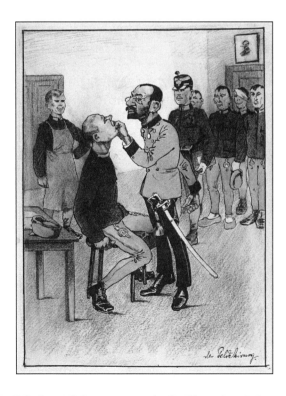

Ein jüdischer Militärarzt untersucht die Zähne eines Gefangenen auf der Suche nach Goldfüllungen (Antisemitische Karikatur)

Der Führerstaat

Die nationalsozialistische Weltanschauung

Die Idee des Führerstaates fand vor allem in der Zeit nach dem Ersten Weltkrieg viele Anhänger. Das galt nicht nur für Deutschland, sondern auch für eine Reihe anderer Staaten. Bekannt ist vor allem das italienische Beispiel. Hier hatte der Faschistenführer Benito Mussolini im Jahr 1922 gewaltsam die Macht an sich gerissen.
Eine Definition des nationalsozialistischen Staatsrechtslehrers Ernst Forsthoff lautet:

> *„Die Führergewalt ist umfassend und total; sie vereinigt in sich alle Mittel der politischen Gestaltung; sie erstreckt sich auf alle Sachgebiete des völkischen Lebens; sie erfasst alle Volksgenossen, die dem Führer zu Treue und Gehorsam verpflichtet sind."*

Die Verfechter des Führerprinzips lehnten die Demokratie und den daraus resultierenden Parlamentarismus ab und bekämpften ihn verbissen.

Der Wille des Führers galt in allen Lebensbereichen. Andere Personen in Staat, Armee, Justiz, Wirtschaft usw., die mit Führungsaufgaben betraut wurden, unterstanden selbstverständlich dem Führer. In der Wirtschaft hatten die „Betriebsführer" das Sagen. Eine Mitbestimmung der Belegschaften gab es nicht. Sie bildeten die „Gefolgschaft".

> *„Führen heißt: Massen bewegen zu können."*
>
> *„Eine Weltanschauung, die sich bestrebt, unter Ablehnung des demokratischen Massengedankens, dem besten Volk, also den höchsten Menschen, diese Erde zu geben, muss logischerweise auch innerhalb dieses Volkes wieder dem gleichen aristokratischen Prinzip gehorchen und den besten Köpfen die Führung und den höchsten Einfluss im betreffenden Volk sichern. Damit baut sie nicht auf dem Gedanken der Majorität, sondern auf dem der Persönlichkeit auf."*
> (Adolf Hitler: Mein Kampf)

Aufgabe 1: *Absolutistische Herrschaftssysteme (Peter der Große, Ludwig XIV.) und Diktaturen (Cäsar, Napoleon) sind in der Regel an Einzelpersonen gebunden. Diskutiert die Probleme, die sich daraus ergeben.*

Aufgabe 2: *Mit welcher Begründung beansprucht der „Führer" (oder auch eine Führungspartei, z. B. KPdSU oder NSDAP) die absolute Macht im Staat?*

Adolf Hitler (1927)

Der Führerstaat

Die nationalsozialistische Weltanschauung

Lösungen

Aufgabe 1: Die absolutistischen Könige, z. B. Ludwig XIV., hatten ihre Herrschaft geerbt. Manche von ihnen bauten sie so aus, dass sie völlig uneingeschränkt (absolut) regieren konnten. Stets bestand die Gefahr der Entartung. Macht verführt zum Machtmissbrauch, wenn sie nicht in irgendeiner Weise kontrolliert und gebändigt wird. Bei Ludwig XIV. wären u. a. die zahlreichen Kriege zu nennen, die er anzettelte und die mit dazu beitrugen, die Staatsfinanzen in Frankreich zu zerrütten.

**Ludwig XIV. von Frankreich,
Hauptvertreter des fürstlichen Absolutismus**

Diktatoren benötigen für ihre Machtausübung eine besondere Legitimation (Berechtigung), die in der Regel nicht an irgendwelche Traditionen anknüpfen kann. Sie sind überzeugt von ihrer eigenen charismatischen Persönlichkeit sowie ihrem Durchsetzungsvermögen und werden zumeist von gewaltigem Ehrgeiz angetrieben. Bestätigung finden sie durch einen revolutionären Umbruch (Robespierre), eine ganz bestimmte Ideologie, die sie vertreten (Lenin), oder durch die überschwängliche Zustimmung ihrer Anhänger bzw. eines ganzen Volkes (Napoleon III.).

Aufgabe 2: Die Führer sind davon überzeugt, dass sie wissen, wie die aktuellen politischen, sozialen und wirtschaftlichen Probleme zu lösen sind. Sie haben vermeintlich die Einsicht, die den anderen fehlt. Sie sind die Einzigen, die diese Einsicht – gegebenenfalls gegen allergrößte Widerstände – auch umzusetzen vermögen.

Die Führer mancher politischen Gruppierungen, insbesondere der in der Tradition von Karl Marx und Wladimir Iljitsch Lenin stehenden kommunistischen Parteien sind der Auffassung, dass sie eine wissenschaftlich begründete und unwiderlegliche Ideologie (historischer und dialektischer Materialismus) vertreten. Da sie über die entsprechende Einsicht verfügen, sind sie dazu berufen, andere auf den rechten Weg zu führen und zu regieren.

**Lenin und Stalin,
Führer der bolschewistischen Parteidiktatur
in Russland bzw. der Sowjetunion**

Die Volksgemeinschaft !

Die nationalsozialistische Weltanschauung

Dass sich ein Volk als Gemeinschaft versteht, wobei Sprache, Geschichte und Kultur eine wichtige Rolle spielen, könnte als eine Selbstverständlichkeit gelten. Allerdings gibt es eine Reihe von Konfliktpunkten, die das idyllische Bild trüben. In einer Demokratie werden die Auffassungsunterschiede offen ausgetragen. Das Ziel ist, für möglichst alle Betroffenen annehmbare Kompromisse zu erarbeiten.

Die Idee der Volksgemeinschaft ist alt. Ganz besonders aktuell wird sie, wenn das Volk in eine lebensbedrohliche Krise gerät. Im Ersten Weltkrieg ging es um Selbstbehauptung und Niederlage. Die rivalisierenden politischen Kräfte vereinbarten einen **„Burgfrieden"**. Kaiser Wilhelm II. verkündete: *„Ich kenne keine Parteien mehr. Ich kenne nur noch Deutsche."*

Die Idee einer möglichst konfliktfreien Volksgemeinschaft zählte in der Zwischenkriegszeit – vor allem in konservativen Kreisen – sehr viele Anhänger. Viele Menschen lehnten die neue Ordnung ab und konnten sich mit dem demokratischen System nicht anfreunden. Viele fühlten sich durch die politischen Alltagsquerelen abgestoßen.

Die Nationalsozialisten nützten die weit verbreitete Stimmung und verstärkten sie in ihrem Sinne. Die Volksgenossen waren vor allem auch durch ihre Rassenzugehörigkeit miteinander verbunden. Wer der arischen Rasse nicht angehörte, konnte nicht Mitglied der Volksgemeinschaft sein. Das galt vor allem für Juden, aber auch für andere Rassen.

Ein auf gemeinsame Ziele ausgerichtetes Volk war leichter zu regieren. Um welche Ziele es ging, bestimmten der Führer und seine nationalsozialistische Partei. Die Volksgemeinschaft bedeutet die Überwindung des Klassenkampfs und sammelte die Kräfte für den nationalen Wiederaufstieg. Zwar blieben die sozialen Unterschiede in der Gesellschaft weitestgehend bestehen, aber es wurde nicht mehr darüber gesprochen.

> **Volksgemeinschaft,** *die auf blutmäßiger Verbundenheit, auf gemeinsamem Schicksal und auf gemeinsamem politischen Glauben beruhende Lebensgemeinschaft eines Volkes, der Klassen- und Standesgegensätze wesensfremd sind. Die V. ist Ausgang und Ziel der Weltanschauung und Staatsordnung des Nationalsozialismus.*
> (Der Volks-Brockhaus, 1940)

Betriebssport in einer werkseigenen Sporthalle

Aufgabe 1: *Wie erklärt sich die in der Weimarer Republik weit verbreitete Unzufriedenheit mit der neuen Demokratie?*

Aufgabe 2: *Für die Volksgemeinschaft wurde mit großem propagandistischem Aufwand geworben. Welche Absicht verfolgten die nationalsozialistischen Führer damit?*

Die Volksgemeinschaft

Die nationalsozialistische Weltanschauung

Lösungen

Aufgabe 1: Der Erste Weltkrieg war verloren. Aus den revolutionären Wirren 1918/19 ging eine neue Staats- und Regierungsform hervor. Sie war aber schon lange gefordert worden, insbesondere von der SPD und Teilen des Zentrums. Viele Menschen erinnerten sich aber gern zurück an die „gute alte Zeit", in der angeblich alles besser gewesen war und in der Frieden geherrscht hatte. – Übrigens musste die Demokratie mit ihren besonderen Erscheinungsformen und anderen Verfahrensweisen erst „erlernt" werden.

In der Weimarer Zeit gab es viele politische, soziale und wirtschaftliche Probleme, die durch den verlorenen Krieg, die Nachfolgelasten und die Bestimmungen des Versailler Vertrags entstanden waren. Viele Deutsche sahen die Schuld für alles Schlechte und Unvollkommene bei den Parteien; viele wandten sich von ihnen ab. Die die Weimarer Republik stützenden Parteien SPD, Zentrum und Deutsche Demokratische Partei (DDP) verloren bereits 1920 die Mehrheit. Zu Recht wurde die Republik deshalb oft als „Demokratie ohne Demokraten" charakterisiert.

Aufgabe 2: Wie gesagt: Viele Deutsche waren von der neuen demokratischen Ordnung enttäuscht und wünschten sich Ruhe und einen gewissen Wohlstand. Beides versprachen Hitler und die NSDAP. Künftig würde es auch die innere Zerrissenheit im Reich nicht mehr geben. Ein zufriedenes Volk würde der politischen Führung vertrauen und sich deren Zielen unterordnen. So war die Masse insgesamt gut zu regieren bzw. zu beherrschen.

Die Volksgemeinschaft zeigte sich bei unzähligen geselligen und kulturellen Veranstaltungen. Einen wesentlichen Anteil daran hatte die Tochterorganisation der Deutschen Arbeitsfront (DAF), die sich „Kraft durch Freude" (KdF) nannte. Sie organisierte Feste und Theaterbesuche, Ferienfahrten mit der Eisenbahn und mit eigenen Schiffen. Geplant war ein auch für geringere Einkommen erschwingliches Personenauto, der KdF-Wagen, aus dem später der Volkswagen hervorging.

Wilhelm Furtwängler dirigiert ein Konzert im AEG-Werk Berlin, 1942

Die Propaganda

Die nationalsozialistische Weltanschauung

Hitler hatte sehr früh erkannt, welchen Einfluss er durch seine Reden auf andere Menschen und vor allem auch auf Menschenmassen ausübte. In „Mein Kampf" notierte er: *„Jede Propaganda hat volkstümlich zu sein und ihr geistiges Niveau einzustellen nach der Aufnahmefähigkeit des Beschränktesten unter denen, an die sie sich zu richten gedenkt."* In der „Kampfzeit" ging es darum, die Macht zu erobern, und dabei wurde das Wort nicht auf die Goldwaage gelegt. Dass, was wir heute als „Fake News" (Falschmeldungen) kennen, war an der Tagesordnung. Neben Hitler, dem „Trommler", war Joseph Goebbels einer die Massen elektrisierender Propagandaredner.

Seit der Machtergreifung 1933 gab es keine kritische Auseinandersetzung mehr mit der offiziellen Politik. Die Regierenden versuchten – insgesamt erfolgreich –, die Menschen von den Vorzügen des neuen Systems und der nationalsozialistischen Volksgemeinschaft zu überzeugen. Tatsächlich ging es vielen besser als zuvor. Langsam wurde die Weltwirtschaftskrise überwunden. Die Industrie florierte, auch wegen der großen Investitionen in die Aufrüstung.

Die Wichtigkeit der Propaganda wurde dadurch unterstrichen, dass Goebbels seit März 1933 das neu geschaffene **„Reichsministerium für Volksaufklärung und Propaganda"** leitete.

Die Kulturpolitik der Nationalsozialisten war außerordentlich restriktiv. Sie orientierte sich an einem konservativ-völkischen Menschenbild und bekämpfte vermeintlich „undeutsche" Neuerungen. Ein deutlicher Beweis dafür war im Sommer 1937 die Ausstellung **„Entartete Kunst"** im Haus der Deutschen Kunst in München. Bilder von Emil Nolde, Oskar Kokoschka, Pablo Picasso, Franz Marc und zahllosen anderen wurden verfemt und verschwanden aus den Museen. In der Dichtung wurde die „Blut-und-Boden-Literatur" favorisiert. Das bäuerlich-völkische Lebensideal stand freilich im Gegensatz zu dem – auch unter dem Gesichtspunkt der militärischen Aufrüstung – notwendig gewordenen industriellen Fortschritt.

Viele Großbauten imponierten den Deutschen, aber auch ausländischen Beobachtern. Die **Olympischen Spiele von 1936** in Berlin hatten eine enorme propagandistische Außenwirkung. Sie fanden u. a. im neu errichteten Olympiastadion statt.

Für seinen persönlichen Machtanspruch ließ Hitler in Berlin seit 1934 eine neue Reichskanzlei nach Plänen von Albert Speer errichten. In Nürnberg entstand das **Reichsparteitagsgelände** in gigantischen Ausmaßen. Hier präsentierten Hitler und seine Partei einmal im Jahr ihre Größe und ihre Macht. Auch wenn vieles nach dem Krieg beseitigt wurde, lassen die Überreste der Rednertribüne und die Kongresshalle heute noch die Vergangenheit erahnen.

Die Umgestaltung der Reichshauptstadt zur **Hauptstadt Germania**, für die es bereits – ebenfalls von Speer entwickelte – Pläne gab, kam wegen des Krieges nicht mehr zustande. Der Plan war Ausdruck eines pathologischen Größenwahns.

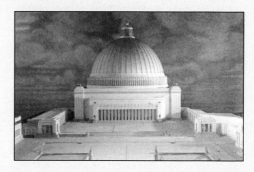

Modell der „Großen Halle" in „Germania", 1939

Aufgabe 1: *Beschreibe den Begriff Propaganda, auch aus der Sicht Goebbels.*

Aufgabe 2: *Wie stellten sich die Olympischen Spiele 1936 dar?*

Die Propaganda

Die nationalsozialistische Weltanschauung

Lösungen

Aufgabe 1: Für uns ist der Begriff „Propaganda" in der Regel negativ belegt. Sie dient oft dazu, die Angesprochenen zu manipulieren, ihnen eine ganz bestimmte politische Sichtweise aufzudrängen oder sie z. B. zu einem bestimmten Kaufverhalten zu bewegen. Goebbels sah den Begriff positiv, weil er dazu diente, den Menschen das vermeintlich Richtige und Gute, nämlich die nationalsozialistische Weltanschauung, nahezubringen. So deckt sich dann der Begriff mit dem der „Volksaufklärung": Die Volksgemeinschaft ist gut; der Führerstaat ist gut; die Ausgrenzung und Verfolgung der Juden und „Zigeuner" ist gut usw. Man muss all das den Menschen nur eindringlich und oft genug sagen!

Reichspropagandaminister Joseph Goebbels, 1934

Aufgabe 2: Die Olympischen Spiele sind traditionell ein sportliches Fest der Nationen. Hier können alle Länder unabhängig von ihren politischen Systemen teilnehmen (Ausnahme z. B. Deutschland 1920 und 1924 wegen seiner Rolle im Ersten Weltkrieg).

Deutschland zeigte sich bewusst gastfreundlich und weltoffen. Für die Zeit der Spiele wurde auf Diskriminierendes gegen die Juden verzichtet. Peinlich war, dass ein Farbiger, der US-Amerikaner Jesse Owens, vier Goldmedaillen gewann und damit der erfolgreichste Athlet der Spiele in Berlin wurde.

Eröffnung der Olympischen Sommerspiele in Berlin, 1. August 1936 (Hitler in der Mitte)

Die Hitlerjugend

Die nationalsozialistische Weltanschauung

Die nationalsozialistische Familienpolitik folgte konservativen Leitbildern. Dazu gehörte, dass die Frau weitgehend aus dem Berufsleben verdrängt wurde. Änderungen erzwang der Krieg, weil nahezu alle Männer in wehrfähigem Alter in der Wehrmacht dienten. Es gab eine Reihe staatlicher Maßnahmen, um die Familien an das System zu binden. Sie reichten vom Kindergeld und Ehestandsdarlehen, über Freizeitangebote für Familien und Kinder bis hin zum Mutterkreuz (ab vier Kinder). Die Zahl der Geburten sollte gesteigert werden, um Deutschland groß und stark zu machen. Im Krieg wurde die Herstellung von Schwangerschaftsverhütungsmitteln verboten. Seit 1943 war der Schwangerschaftsabbruch mit der Todesstrafe bedroht.

Das besondere Augenmerk der politischen Führung richtete sich auf die Jugend. Sie sollte im Sinne des Nationalsozialismus politisch zuverlässig und wehrbereit erzogen werden.

> „Der deutsche Junge der Zukunft muss schlank und rank sein, flink wie Windhunde, zäh wie Leder und hart wie Kruppstahl."
>
> „Es wird eine Jugend heranwachsen, vor der sich die Welt erschrecken wird. Eine gewalttätige, herrische, unerschrockene, grausame Jugend will ich."
>
> (Adolf Hitler)

Den nationalsozialistischen Erziehungszielen diente vor allem die **Hitlerjugend**. Sie war bereits in den zwanziger Jahren entstanden und wurde im Jahr 1933 die einzige übriggebliebene Jugendorganisation im Deutschen Reich. Sie hatte bis zu 8,7 Millionen Mitglieder.

Die HJ war nach Geschlechtern und Altersstufen gegliedert. Die 10- bis 14-jährigen waren im Deutschen Jungvolk („Pimpfe") bzw. im Jungmädelbund organisiert. Die eigentliche Hitlerjugend bzw. den Bund Deutscher Mädel (BDM) bildeten die 14- bis 18-jährigen Jungen oder Mädchen.

Die Hitlerjugend knüpfte an die Traditionen der bündischen Jugend („Wandervogel") im Kaiserreich und in der Weimarer Republik an. Sie machte sich dabei die jugendliche Lust am Spiel und am Abenteuer zunutze. Für viele Jungen und Mädchen trug sie dazu bei, den oft tristen Alltag mit Geselligkeit und Abwechslung zu erfüllen.

Im Vordergrund standen die körperliche Ertüchtigung und die Schulung im Sinne der nationalsozialistischen Weltanschauung. Längerfristig sollten die Jungen auf den Dienst in der Wehrmacht vorbereitet werden.

Im Zweiten Weltkrieg wurde die HJ zu Hilfsdiensten unterschiedlichster Art herangezogen. Viele Hitlerjungen dienten als **Flakhelfer**. In den letzten Kriegswochen wurden sie – neben alten Männern ab 60 Jahren – zum **Volkssturm** eingezogen.

Aufgabe 1: *Welche Ziele hatte die Hitlerjugend?*

Aufgabe 2: *Welche Bedeutung/Angebote hatte die Hitlerjugend für die jungen Menschen?*

Hitlerjugend beim Reichsparteitag der NSDAP, Nürnberg 1934

Die Hitlerjugend

Die nationalsozialistische Weltanschauung

Lösungen

Aufgabe 1: Die Hitlerjugend war im Dritten Reich der einzige verbliebene Jugendverband. Die anderen Organisationen wurden im Zuge der Gleichschaltung aufgelöst. Die „Staatsjugend" war selbstverständlich den von der Partei verordneten Zielen verpflichtet. Dazu gehörten die Erziehung zu Disziplin, Unterordnung und nationalsozialistischer Gesinnung, Sportlichkeit und die vormilitärische Ausbildung. Wie Hitler die deutsche Jugend haben wollte, wird in den abgedruckten Zitaten deutlich.

Aufgabe 2: Die HJ bzw. ihre Unterorganisationen knüpften an die Jugendbewegung der vorausgehenden Jahrzehnte an. Sie stärkten das Gemeinschaftsgefühl ihrer Mitglieder und boten ihnen viele Möglichkeiten, sich zu betätigen (Sport, Wandern, Zeltlager, Schießübungen u. a.). Zusätzlich zur allgemeinen Hitlerjugend gab es u. a. die Reiter-, Motor-, Flieger- und Marine-HJ.

Viele junge Leute kamen zum ersten Mal aus ihrer familiär engen Umgebung heraus und erwarben eine gewisse Selbstständigkeit. Für Jungen und Mädchen gab es „schicke" Uniformen und die Möglichkeit, aufzusteigen und so „etwas zu sagen zu haben". Das galt auch für die Zukunft in den zahlreichen Organisationen der NSDAP.

Das Fahnenlied der Hitlerjugend (Refrain)

Uns're Fahne flattert uns voran.
In die Zukunft ziehen wir Mann für Mann
Wir marschieren für Hitler
Durch Nacht und durch Not
Mit der Fahne der Jugend
Für Freiheit und Brot.
Uns're Fahne flattert uns voran,
Uns're Fahne ist die neue Zeit.
Und die Fahne führt uns in die Ewigkeit!
Ja die Fahne ist mehr als der Tod!

(Text: Reichsjugendführer Baldur von Schirach)

Luftwaffenhelfer (Jahrgang 1927!) an einem Flakscheinwerfer, Berlin 1943

Der Aufstieg der NSDAP

Die Machtergreifung

Der gescheiterte Putschversuch vom November 1923 und die Verurteilung von Adolf Hitler zu einer fünfjährigen Festungshaft hatten die Geschichte der NSDAP fürs Erste beendet. Aber überraschend bald wurde Hitler aus der Haft entlassen.

Im Februar 1925 wurde die NSDAP neu gegründet. Wenige Monate später erschien der erste Band des biografischen Bekenntnisbuches „Mein Kampf". Hitler gelang es, in der neuen Partei seine Führungsposition zu behaupten und sie auf seinen politischen Kurs einzuschwören. Fortan würde er nicht mehr versuchen, die Macht durch einen Putsch oder einen Staatsstreich zu erobern. Nun ging es darum, dass er sie auf ganz legale Art und Weise, also im Rahmen der Weimarer Verfassung erlangen werde. Er wollte die Demokratie mit ihren eigenen Möglichkeiten beseitigen.

Zunächst war die NSDAP eine von mehreren völkisch-nationalistischen Splitterparteien. Ein Wandel zeichnete sich seit der Reichstagswahl von 1928 ab, als es ihr gelang, in der Bevölkerung größere Aufmerksamkeit zu gewinnen. Der Kampf gegen den Young-Plan von 1929, den sie zusammen mit der Deutschnationalen Volkspartei (DNVP) und dem rechtsnationalen Frontkämpferverband „Der Stahlhelm" organisiert hatte, machte sie allgemein bekannt. Der Plan legte Reparationsverpflichtungen Deutschlands bis zum Jahr 1988 fest. Für den Kampf leisteten auch die Zeitungen des deutschnationalen Großverlegers Alfred Hugenberg einen entscheidenden Beitrag.

Bis zum Jahr 1930 stieg die Mitgliederzahl der NSDAP auf 130.000, und das, obwohl die Mitglieder einen vergleichsweise hohen Beitrag zu zahlen hatten. Vereinzelt kamen Spenden aus der Großindustrie (u. a. von Fritz Thyssen), vor allem aber auch aus dem gewerblichen Mittelstand, der sich von der NSDAP eine Verbesserung der eigenen wirtschaftlichen Lage erhoffte.

Insgesamt war die politisch-wirtschaftliche Situation im Reich zwischen 1924 und 1928/29 für die NSDAP nicht günstig. Die Lage hatte sich durch den Dawes-Plan von 1924 erkennbar entspannt. Von nun an sollten die Reparationen des Deutschen Reiches anhand der wirtschaftlichen Leistungsfähigkeit berechnet werden. Die Lage änderte sich schlagartig, als im Jahr 1929 die **Weltwirtschaftskrise** ausbrach und zu einer ungeheuren Massenarbeitslosigkeit führte. Elend und Verzweiflung machten sich in den betroffenen Ländern breit. Die Regierenden waren den Herausforderungen augenscheinlich nicht gewachsen. Viele Menschen glaubten, dass die Krise nur durch radikalste Maßnahmen zu meistern sei.

Bei den Reichstagswahlen 1928 hatte die NSDAP nur magere 2,6 Prozent der Stimmen und 12 Abgeordnetensitze erhalten. Bei der Wahl des Jahres 1930 waren es bereits 18,3 Prozent und 107 Abgeordnete. Die Entwicklung war nicht mehr aufzuhalten. Im Juli 1932 gewann die Partei 37,3 Prozent der Stimmen und konnte 230 Reichstagsabgeordnete nach Berlin entsenden. Die NSDAP bildete von nun an die größte Fraktion im Reichstag. – Die zweithöchste Stimmenzahl mit 21,6 Prozent hatte die SPD erzielt.

Für Hitler und seine Anhänger war endlich die Zeit gekommen, ihren Anteil an der Macht im Reich zu fordern. Freilich konnte das nach dem Stand der Dinge nur dann Erfolg haben, wenn es gelang, Bündnispartner zu finden.

Aufgabe 1: *Nach dem gescheiterten Putschversuch im Jahr 1923 in München wollte Hitler nun die Macht auf legalem Weg erobern. Das war nur unter ganz bestimmten Voraussetzungen möglich. Versuche herauszufinden, welche das waren.*

Aufgabe 2: *Informiere dich über die seit 1929 herrschende Weltwirtschaftskrise und über die Folgen, die sich daraus für die Menschen in den USA, im Deutschen Reich und in anderen Ländern ergaben. Sprecht miteinander darüber.
(Alle Materialien sind gestattet.)*

Der Aufstieg der NSDAP

Die Machtergreifung

Lösungen

Aufgabe 1: Im Jahr 1923 hatte Hitler versucht, nach dem Muster der italienischen Revolution zu handeln. Im Jahre 1922 hatte der Faschistenführer Benito Mussolini in einem Staatsstreich die Macht in Rom an sich gerissen. Seitdem beherrschten er und seine Faschistische Partei das Land. Mussolini war für Hitler zum Vorbild geworden.

Dieser hatte inzwischen begriffen, welche Risiken ein Aufstand in sich barg. Das angestrebte Ziel musste auch im Rahmen des geltenden Verfassungsrechts erreichbar sein. Paradoxerweise lehnte Hitler ja die demokratische Verfassung ab und bekämpfte sie mit aller Entschiedenheit.

Sein Plan konnte nur dann Erfolg haben, wenn es den staatstragenden Parteien und der Regierung nicht gelang, die innere Ordnung und den inneren Frieden aufrecht zu erhalten. Dann würden die Menschen sich den radikalen Parteien zuwenden und radikale Veränderungen akzeptieren. Im Jahr 1929 trat mit der Weltwirtschaftskrise eine Situation ein, die Hitlers Erwartungen auf dramatische Weise bestätigte.

Noch war unentschieden, ob eine solche Entwicklung die Kommunisten oder die Nationalsozialisten begünstigen würde. Letzten Endes kam sie aber, wie die Wahlergebnisse seit dem Ausbruch der Weltwirtschaftskrise zeigen, vor allem der NSDAP zugute. Freilich, die Kommunisten blieben stark (bei der Reichstagswahl im November 1932 16,86 Prozent der Wählerstimmen). Hitler beschwor die Wähler, für die Nationalsozialisten zu stimmen, um eine angeblich drohende kommunistische Revolution zu verhindern

Aufgabe 2: Individuelle Lösungen – Beschäftige dich aber mit folgenden Fragen

- *Wodurch wurde die Krise ausgelöst?*
- *Was bedeutete sie vor allem für die industrielle Produktion und den Welthandel?*
- *Welche sozialen Auswirkungen hatte die Krise?*
- *Welche Folgen hatte sie für das Lebensgefühl und für die politische Einstellung vieler Menschen?*

Speisesaal in einem Berliner Obdachlosenasyl, 1932

Auf dem Weg zur Macht

Die Machtergreifung

Bei den Wahlen zur Nationalversammlung im Januar 1919 hatten die Parteien der „Weimarer Koalition", die SPD, das katholische Zentrum und die linksliberale Deutsche Demokratische Partei (DDP), die den demokratischen Wandel unterstützten, eine überwältigende Mehrheit erzielt. Eine ganz besondere Verantwortung lag nun bei der SPD, die 45,48 Prozent der Stimmen erhalten hatte. Bereits bei der ersten Reichstagswahl im Juni 1920 ging die Mehrheit der Koalition verloren und wurde bis zum Ende der Weimarer Republik nicht mehr wiedererlangt.

Hindenburg und Hitler, Maifeier in Berlin, 1933

Ein deutliches Signal des Stimmungsumschwungs in der Bevölkerung bedeutete die Reichspräsidentenwahl im Jahr 1925. Seit 1919 hatten der Sozialdemokrat Friedrich Ebert das höchste Staatsamt bekleidet. Nach seinem überraschenden Tod wurde kein Vertreter der demokratischen Parteien, sondern der greise, bereits 77 Jahre alte ehemalige kaiserliche Generalfeldmarschall **Paul von Hindenburg** zum Präsidenten gewählt.

Trotz aller politischen Streitigkeiten gelang es im Jahr 1928 noch einmal, mit den Stimmen der Reichstagsmehrheit eine demokratische Regierung zu bilden. Reichskanzler wurde Hermann Müller (SPD). Doch nun, mit Beginn der verheerenden Weltwirtschaftskrise, verschärfte sich die politische Lage dramatisch. Als sich die Parteien der Großen Koalition nicht auf eine eigentlich zwingend notwendige Erhöhung der Beiträge für die Arbeitslosenversicherung einigen konnten, brach die Regierung auseinander.

Da es von nun an keine Mehrheiten mehr für eine Regierungsbildung durch den Reichstag gab, musste Hindenburg handeln. Mit Berufung auf das in der Weimarer Verfassung verankerte Notstandsrecht berief er sogenannte **Präsidialregierungen**, die vom Reichstag unabhängig waren. Nacheinander regierten Heinrich Brüning (Zentrum) und die parteilosen Kanzler Franz von Papen und Kurt von Schleicher. Die durch die Wirtschaftskrise entstandenen Probleme konnten sie – wie kaum anders zu erwarten – nicht lösen.

Die sensationellen Wahlerfolge der NSDAP bei den Reichstagswahlen im Juli und im November 1932 bewogen von Papen und von Schleicher, die Nationalsozialisten in irgendeiner Weise an der Regierung zu beteiligen. Erste Versuche scheiterten deshalb, weil Hitler für sich und seine Partei das Amt des Reichskanzlers forderte.

In einer völlig ausweglosen Situation überzeugte Franz von Papen den Reichspräsidenten, Adolf Hitler zum Reichskanzler zu ernennen. Ein gefährliches Risiko sei das nicht, weil das konservative Umfeld den revolutionären Elan des Führers „zähmen" werde und weil der Präsident ja über das verfassungsmäßige Recht verfüge, den Reichskanzler gegebenenfalls wieder zu entlassen. Zunächst hatte sich Hindenburg geweigert, den „böhmischen Gefreiten", wie er Hitler nannte, mit einem so hohen Staatsamt zu betrauen. Nun gab er nach. Am 30. Januar 1933 wurde Adolf Hitler zum Kanzler des Deutschen Reiches ernannt. Er hatte auf legalem Weg erreicht, was er erreichen wollte. Nun kam es nur noch darauf an, die Herrschaft zu sichern und eine nationalsozialistische Diktatur durchzusetzen.

Aufgabe 1: *Wodurch wurde die neue demokratische Ordnung schrittweise unterhöhlt?*

Aufgabe 2: *Wie sahen die Rechtskonservativen die politische Situation?*

Auf dem Weg zur Macht

Die Machtergreifung

Lösungen

Aufgabe 1: Die demokratische Ordnung, die durch die Nationalversammlung und die neue Verfassung geschaffen worden war, wurde schrittweise unterhöhlt:

- Im Jahr 1920 verloren die Parteien der Weimarer Koalition im Reichstag die Mehrheit.
- In diesem Jahr unternahmen Rechtskonservative und Militärs einen Putschversuch (Kapp-Putsch).
- In den Jahren 1921 bzw. 1922 wurden Matthias Erzberger und Walther Rathenau ermordet.
- Im Jahr 1923 unternahm Adolf Hitler in München einen Putschversuch.
- 1925 wurde der konservative ehemalige kaiserliche Generalfeldmarschall von Hindenburg zum Reichspräsidenten gewählt.
- 1929 begann die Weltwirtschaftskrise, die vor allem auch Deutschland sehr schwer traf.
- Seit dem Sturz der Regierung Hermann Müller im Jahr 1930 gab es keine parlamentarische Regierung mehr. Es begann die Zeit der Präsidialkabinette.
- Der sensationelle Wahlerfolg der NSDAP bei zwei Reichstagswahlen im Jahr 1932 schuf eine politische Lage, in der die NSDAP bei der Regierungsbildung nicht mehr übergangen werden konnte.

Bankenkrach in der Weltwirtschaftskrise. Massenandrang vor der Berliner Sparkasse, Juli 1931

Aufgabe 2: Die Rechtskonservativen wollten die Weimarer Republik nicht. Viele von ihnen waren auch nach der Revolution von 1918/19 innerlich Anhänger der Monarchie geblieben. Der demokratische Staat war ihnen fremd, oft verhasst. Zumindest erhofften sie eine autoritärere Staatsführung und die Eindämmung des Einflusses der SPD sowie der Gewerkschaft.

In Hitler sahen sie oft den eifernden Emporkömmling. Aber vielleicht konnte er, wenn es keine andere Wahl gab, der konservativen Sache dienen. Bereits im Kampf gegen den Young-Plan von 1929 hatte er mit der Deutschnationalen Volkspartei und dem Stahlhelm zusammengearbeitet.

Das Risiko, das sie eingingen, wenn Hitler Reichskanzler war, wurde von vielen unterschätzt. Die Zukunft zeigte, dass der Führer der NSDAP nicht durch die konservativen Männer in seiner Regierung zu zähmen war. Auch wurde er vom Reichspräsidenten von Hindenburg nicht aus seinem Amt entlassen, obwohl sich die Gewalttätigkeiten der NSDAP und ihrer Kampfverbände äußerst besorgniserregend häuften.

Die Aufhebung der Grundrechte

Die Machtergreifung

Am 30. Januar 1933 war Adolf Hitler vom Reichspräsidenten von Hindenburg zum Reichskanzler ernannt worden. Fürs Erste schien die Rechnung der Konservativen aufzugehen. Hitler bildete eine Koalitionsregierung, in der nur zwei NS-Minister vertreten waren, der Innenminister Wilhelm Frick und Hermann Göring als Minister ohne Geschäftsbereich. Die übrigen Ämter fielen an die Deutschnationale Volkspartei und andere rechtsorientierte Persönlichkeiten, z.B. Franz von Papen als stellvertretendem Reichskanzler.

Für viele Deutsche war damit das Wunschziel, eine autoritäre Staatsführung, erreicht. Sehr bald aber zeigte sich, dass sich Hitler mit der Zwischenlösung nicht zufriedengeben würde. Noch war die Frage offen, wie es ihm gelingen könnte, die Koalitionspartner aus der Regierung zu verdrängen.

Ein dramatischer Zwischenfall schuf eine ganz neue Situation. In der Nacht vom 27. auf den 28. Februar 1933 **brannte der Reichstag**, das Symbol der parlamentarischen Demokratie. Bis heute ist nicht abschließend erklärt, wer für diesen Brand verantwortlich war. Für die Nationalsozialisten handelte es sich um ein Fanal für einen kommunistischen Aufstand. Das Leipziger Reichsgericht verurteilte den im Reichstagsgebäude in der Brandnacht vorgefundenen niederländischen Kommunisten Marinus van der Lubbe zum Tode. Tatsache ist, dass dieses schreckliche Ereignis den Nationalsozialisten sehr gelegen kam. Schon am **28. Februar 1933** wurde die **Notverordnung des Reichspräsidenten zum Schutz von Volk und Staat** erlassen. Sie setzte die bürgerlichen Freiheitsrechte der Weimarer Verfassung außer Kraft und bildete so die Grundlage für den nun weiter sich steigernden Terror der NSDAP und ihrer Kampforganisationen gegen die Kommunisten und weitere Andersdenkende. Allein in Preußen wurden bis Mitte März 1933 etwa zehntausend Menschen auf der Grundlage der Verordnung verhaftet.

Wenige Tage nach dem Reichstagsbrand, am **5. März 1933**, erfolgte eine neue **Reichstagswahl**. Die NSDAP erreichte ein sehr gutes Ergebnis, nämlich 43,9 Prozent der Stimmen. Die absolute Mehrheit, die sich Hitler erhofft hatte, wurde indessen verfehlt. Um eine parlamentarische Regierung bilden zu können, benötigte er die Stimmen der Deutschnationalen Volkspartei, die 8 Prozent erreicht hatte.

Obwohl **die Kommunistische Partei Deutschlands (KPD)** bereits jetzt schlimmen Verfolgungen ausgesetzt war, erreichte sie immerhin noch 81 Abgeordnetensitze. Bevor allerdings der neue Reichstag zusammentrat, wurden der Partei diese Sitze aberkannt. Durch diesen Handstreich hatte die NSDAP im Parlament die absolute Mehrheit errungen.

Hitlers Ziel, die Gesetzgebung im Reich vom Parlament (Legislative) zu lösen und der Regierung (Exekutive) zu übertragen, konnte freilich nur dann gelingen, wenn eine verfassungsändernde Zweidrittelmehrheit seinen Plänen zustimmte. In der von ihm immer wieder beschworenen Notsituation musste es gelingen, die Parteien der Mitte – über die DNVP hinaus – für eine einschneidende Verfassungsänderung zu gewinnen.

Aufgabe 1: *Warum war der Ruf nach einer autoritären Staatsführung in den frühen dreißiger Jahren so stark? Nenne mögliche Gründe.*

Aufgabe 2: *Warum war die Verordnung zum Schutz von Volk und Staat ein ganz wichtiger Zwischenschritt auf dem Weg zur nationalsozialistischen Diktatur?*

Aufgabe 3: *Der Kampf gegen die Kommunisten war auch ein taktischer Schachzug. Worüber sollte er die Rechtskonservativen, aber auch die gemäßigten Parteien hinwegtäuschen?*

Die Aufhebung der Grundrechte

Die Machtergreifung

Lösungen

Aufgabe 1: In den Augen viele Menschen hatte die Weimarer Demokratie versagt. Den politischen Parteien, die sie im Wesentlichen getragen hatten, SPD, Zentrum und DDP, wurde die Schuld an der unbefriedigenden, bisweilen hoffnungslosen Lage angelastet. Zwar gab es keinen Kaiser mehr. Aber insgesamt hatte der kaiserliche Obrigkeitsstaat doch zuverlässig „funktioniert". Eine neue autoritäre Staatführung sollte – notfalls mit drastischen Methoden – die Probleme, die die Menschen bedrückten, lösen.

Aufgabe 2: Die in der Geschichte hart erkämpften Freiheitsrechte wurden durch diese Notstandsverordnung aufgehoben. Nun konnten die Staatsmacht (Polizei, Armee), aber auch die NSDAP und ihre Kampforganisationen (vor allem die SA) ihren Willen in der Bevölkerung unbehindert und gewaltsam durchsetzen. Dem Terror waren Tür und Tor geöffnet.

Aufgabe 3: Für die meisten Menschen waren die Kommunisten eine radikale Bewegung, die von Stalin von Moskau aus gesteuert wurde, vor Gewalt nicht zurückschreckte und die Besitz- und Lebensverhältnisse radikal verändern wollte. Die Furcht vor einer bolschewistischen Revolution (wie seit 1917 in Russland) wurde von den Nationalsozialisten, aber auch von anderen politischen Gruppierungen geflissentlich geschürt.

Die Konservativen und auch andere sollten darüber hinweggetäuscht werden, dass der Kampf gegen die Kommunisten und das Verbot der KPD die Macht der NSDAP stärkten und Hitler einen weiteren Schritt in Richtung auf eine nationalsozialistische Alleinherrschaft voranbrachten.

Verhaftung von Kommunisten durch die SA in Berlin, 6. März 1933, Tag nach der Reichstagswahl

Das Ermächtigungsgesetz

Die Machtergreifung

Mit der Verordnung zum Schutz von Volk und Staat vom 28. Februar 1933 waren die Grundrechte im Deutschen Reich außer Kraft gesetzt worden. Nun forderte der Reichskanzler Adolf Hitler weitere Befugnisse, um die krisenhafte Lage im Reich beenden zu können. Zu diesem Zeitpunkt war das Parlament – auch wegen des hohen Anteils an nationalsozialistischen Abgeordneten – nicht mehr handlungsfähig.

Die Forderung nach einem Ermächtigungsgesetz führte in den demokratischen Parteien zu tiefgreifenden und erbitterten Auseinandersetzungen. Davon war insbesondere die katholische Zentrumspartei betroffen.

Am 23. März 1933 wurde im Reichstag über das von der Regierung eingebrachte **„Gesetz zur Behebung der Not von Volk und Reich" (Ermächtigungsgesetz)** abgestimmt. Da das Reichstagsgebäude nach dem Brand nicht mehr benutzt werden konnte, tagte das Gremium in der Kroll-Oper. Das Gebäude war von der SS abgesperrt worden. Im Inneren hatten sich große SA-Kolonnen formiert. Über dem Rednerpodium hing eine große Hakenkreuzfahne.

In namentlicher Abstimmung votierten die NSDAP und die DNVP erwartungsgemäß für das Gesetz. Zu den Befürwortern gehörten nun aber auch das Zentrum, die Bayerische Volkspartei und die Deutsche Demokratische Partei. Damit war die erforderliche Zweidrittelmehrheit erreicht. – Das Parlament, darunter mehrere demokratische Fraktionen, hatte sich selbst entmachtet.

Zur Situation: Zum Zeitpunkt der Reichstagssitzung waren bereits 26 SPD-Abgeordnete inhaftiert oder geflohen. Alle 81 KPD-Abgeordneten hatten ihre Mandate widerrechtlich verloren. Sie waren verhaftet worden, geflohen oder untergetaucht.

Als einzige Partei hatte die SPD den Entwurf abgelehnt. In einer mutigen Rede verteidigte ihr Fraktionsvorsitzender Otto Wels die Haltung seiner Partei (s. Textauszug S. 41). Hitler antwortete darauf zornig und hasserfüllt: Er schloss seine an die SPD gerichtete Rede mit den Worten: *„Ich kann Ihnen nur sagen: Ich will auch gar nicht, dass Sie dafür stimmen! Deutschland soll frei werden, aber nicht durch Sie!"*

Rede Hitlers zum Ermächtigungsgesetz, 23. März 1933

Aufgabe 1: *Veranschauliche dir die Situation, in der das Gesetz diskutiert und beschlossen wurde.*

Aufgabe 2: *Diskutiert gemeinsam über das Verhalten der demokratischen Parteien (Zentrum, DDP, BP). Was könnte die Abgeordneten bewogen haben, dem Gesetz zuzustimmen?*

Aufgabe 3: *Das Ermächtigungsgesetz ist im Grund die Verfassungsurkunde der nationalsozialistischen Diktatur. Begründe.*

Das Ermächtigungsgesetz

Die Machtergreifung

Lösungen

Aufgabe 1: Der Terror der nun vor allem nationalsozialistischen Reichsregierung hatte längst begonnen. Er richtete sich insbesondere gegen Kommunisten und Sozialdemokraten. Das war der Grund dafür, dass alle gewählten kommunistischen Reichstagsabgeordneten ihre Mandate nicht antreten konnten und dass auch zahlreiche SPD-Vertreter fehlten.

Die NSDAP hatte unübersehbar eine Drohkulisse installiert. SS- und SA-Verbände waren vor und in der Kroll-Oper postiert, um die Abgeordneten der bürgerlichen Mitte und der SPD einzuschüchtern. Hitler selbst nahm kein Blatt vor den Mund und beschimpfte in seiner Antwort auf die Rede des SPD-Fraktionsvorsitzenden Otto Wels die SPD und bedrohte sie.

Sonderbriefmarke zur Erinnerung an den SPD-Fraktionsvorsitzenden Otto Wels

„Freiheit und Leben kann man uns nehmen, die Ehre nicht."

(Reichstagsrede von Otto Wels am 23. März 1933)

Aufgabe 2: Theoretisch hatten die demokratischen Parteien immer noch die Möglichkeit, das Ermächtigungsgesetz durch ihre Ablehnung scheitern zu lassen. Dass sie zustimmten, war vielleicht ein Akt der Verzweiflung. Eine die gegenwärtige Staatskrise behebende Lösung kannten sie nicht. Möglicherweise wirkten auch die unübersehbaren und unverhohlenen Drohungen der nationalsozialistischen Kampfverbände und des Führers der NSDAP. Wenn die gemäßigten Parteien annahmen, dass Hitler ihr „Wohlverhalten" belohnen würde, dann irrten sie sich allerdings gründlich. Das wurde sehr bald klar.

Aufgabe 3: Die Grundrechte der Deutschen waren bereits aufgehoben worden. Nun verlangte und erhielt die Reichsregierung Adolf Hitlers das Recht, Gesetze erlassen und Verträge mit fremden Mächten – ohne die Zustimmung des Reichstags – abschließen zu können. Die traditionelle, über Jahrhunderte erstrittene Gewaltenteilung wurde aufgehoben. Hitler vereinigte in seiner Hand sowohl die Legislative (gesetzgebende Gewalt) als auch die Exekutive (ausführende Gewalt). Zwar war das Ermächtigungsgesetz auf vier Jahre befristet, aber der bald nur noch aus Nationalsozialisten bestehende Reichstag verlängerte es aber bis zum Ende des Dritten Reiches.

Die Machtergreifung

Gesetz zur Behebung der Not von Volk und Reich („Ermächtigungsgesetz")

vom 24. März 1933

[...]

Art. 1: *Reichsgesetze können außer in dem in der Reichsverfassung vorgesehenen Verfahren auch durch die Reichsregierung beschlossen werden. [...]*

Art. 2: *Die von der Reichsregierung beschlossenen Reichsgesetze können von der Reichsverfassung abweichen, soweit sie nicht die Einrichtung des Reichstags und des Reichsrats als solche zum Gegenstand haben. Die Rechte des Reichspräsidenten bleiben unberührt.*

Art. 3: *Die von der Reichsregierung beschlossenen Reichsgesetze werden vom Reichskanzler ausgefertigt und im Reichsgesetzblatt verkündet. Sie treten, soweit sie nichts anderes bestimmen, mit dem auf die Verkündung folgenden Tage in Kraft. [...]*

Art. 4: *Verträge des Reiches mit fremden Staaten, die sich auf Gegenstände der Reichsgesetzgebung beziehen, bedürfen nicht der Zustimmung der an der Gesetzgebung beteiligten Körperschaften. [...]*

Art. 5: *Dieses Gesetz tritt mit dem Tage seiner Verkündung in Kraft. Es tritt mit dem 1. April 1937 außer Kraft; es tritt ferner außer Kraft, wenn die gegenwärtige Reichsregierung durch eine andere abgelöst wird.*

Rede des SPD-Fraktionsvorsitzenden Otto Wels (gekürzt)

Nach den Verfolgungen, die die sozialdemokratische Partei in der letzten Zeit erfahren hat, wird niemand billigerweise von ihr verlangen und erwarten können, dass sie für das hier eingebrachte Ermächtigungsgesetz stimmt. Die Wahlen vom 5. März haben den Regierungsparteien die Mehrheit gebracht. Damit ist die Möglichkeit gegeben, streng nach Wortlaut und Sinn der Verfassung zu regieren. Wo diese Möglichkeit besteht, besteht auch die Pflicht. Kritik ist heilsam und notwendig. Niemals, seit es einen Deutschen Reichstag gibt, ist die Kontrolle der öffentlichen Angelegenheiten durch die gewählten Vertreter des Volkes in solchem Maße ausgeschaltet worden, wie das jetzt geschieht und wie das durch das neue Ermächtigungsgesetz noch mehr geschehen soll. Eine solche Allmacht der Regierung muss sich umso schwerer auswirken, als auch die Presse jeder Bewegungsfreiheit entbehrt. [...]

Wir deutschen Sozialdemokraten bekennen uns in dieser geschichtlichen Stunde feierlich zu den Grundsätzen der Menschlichkeit und der Gerechtigkeit, der Freiheit und des Sozialismus. Kein Ermächtigungsgesetz gibt Ihnen die Macht, Ideen, die ewig und unzerstörbar sind, zu vernichten. Sie selbst haben sich ja zum Sozialismus bekannt. Das Sozialistengesetz hat die Sozialisten nicht vernichtet. Auch aus neuen Verfolgungen kann die deutsche Sozialdemokratie neue Kraft schöpfen. Wir grüßen die Verfolgten und Bedrängten. Wir grüßen unsere Freunde im Reich. Ihre Standhaftigkeit und Treue verdienen Bewunderung. Ihr Bekennermut, ihre ungebrochene Zuversicht verbürgen eine hellere Zukunft.

Aufgabe 1: *Durch das Ermächtigungsgesetz (vorläufig bis 1937) und andere Gesetze wurde die Verfassung großenteils außer Kraft gesetzt. Um welche Regelungen ging es?*

Aufgabe 2: *Das Ermächtigungsgesetz bezeichnete den Beginn der nationalsozialistischen Diktatur. Begründe.*

Aufgabe 3: *Veranschauliche dir die Lage, in der Otto Wels redete, und mache dir klar, wie er die Ablehnung des Ermächtigungsgesetzes durch die SPD begründete.*

Gesetz zur Behebung der Not von Volk und Reich („Ermächtigungsgesetz")

Die Machtergreifung

Lösungen

Brand des Reichstagsgebäudes, 27./28. Februar 1933

Aufgabe 1:
- Die Gesetze werden nicht mehr nur vom Parlament beschlossen, sondern können von der Regierung erlassen werden.
- Reichsgesetze dürfen von der Verfassung abweichen.
- Der Reichskanzler fertigt die Gesetze aus.
- Verträge mit anderen Staaten bedürfen nicht mehr der Zustimmung des Parlaments.

Aufgabe 2: Die Gewaltenteilung, insbesondere von Legislative (Reichstag) und Exekutive (Regierung), ist weitestgehend aufgehoben. Die Regierung kann Pläne verwirklichen, ohne auf die verfassungsmäßigen „Kontrolleure" Rücksicht nehmen zu müssen. Zwar war das Ermächtigungsgesetz zeitlich begrenzt (bis 1937). Es wurde in der Folgezeit aber durch das inzwischen rein nationalsozialistische Parlament bis zum Ende der Naziherrschaft 1945 verlängert.

Aufgabe 3: In Deutschland herrschte längst der Ausnahmezustand, insbesondere seit dem Reichstagsbrand von Februar 1933. Die Verfolgungen der politischen Gegner hatten bereits begonnen. Betroffen waren vor allem die Kommunisten und Sozialdemokraten. Viele ihrer Abgeordneten waren bereits vor der Reichstagssitzung vom 24. März 1933 verhaftet worden.

Otto Wels sprach in einer Lage, die für ihn lebensgefährlich war. Er begründete die Ablehnung des Ermächtigungsgesetzes durch die SPD

- mit den Verfolgungen seiner Genossen,
- mit der Ausschaltung der verfassungsmäßigen Kontrolle der Regierung,
- mit der Aufhebung der Pressefreiheit.

Die Festigung der Diktatur

Die Machtergreifung

Das Ermächtigungsgesetz vom 23. März 1933 bedeutete das Ende der Demokratie im Deutschen Reich. Nun ging es nur noch darum, den Führerstaat und den Alleinherrschaftsanspruch der NSDAP weiter auszubauen. Ernsthafte Widerstände gab es nicht mehr. Die Regierung besaß die Machtmittel, um jede Regung auf der Grundlage des Ausnahmerechts zu ersticken.

Hier nun ein Überblick über weitere Schritte der Machergreifung:

1. März 1933:	Gleichschaltung der Länder mit dem Reich. Auflösung der Länderparlamente und Neubesetzung nach dem Ergebnis der Reichstagswahl vom 5. März. Am 5. April Einsetzung von Reichsstatthaltern an Stelle der Ministerpräsidenten
März/April 1933	willkürliche Verhaftungsaktionen der SA und der SS
2. Mai 1933:	Schlag gegen die freien Gewerkschaften. Besetzung der Gewerkschaftshäuser. Führende Funktionäre werden in „Schutzhaft" genommen.
10. Mai 1933:	Bücherverbrennung. Verbrennung von Büchern nicht konformer Autoren, z. B. Bertolt Brecht, Heinrich Mann, Sigmund Freud, Erich Kästner, Kurt Tucholsky.
22. Juni 1933:	Verbot der SPD wegen angeblichen Landes- und Hochverrats
7. Juni 1933:	Selbstauflösung der DNVP
4. Juli 1933:	Verbot aller Parteien außer der NSDAP. „Gesetz gegen die Neubildung von Parteien" begründet die Alleinherrschaft der NSDAP.
5. Juli 1933:	Selbstauflösung der Zentrumspartei
30. Juni 1934:	sogenannter „Röhm-Putsch". Innerparteiliche Säuberung. Die Ermordung es SA-Stabschefs Ernst Röhm und vieler anderer Personen stärkt die Macht des Führers.
2. August 1934:	Tod des Reichspräsidenten Paul von Hindenburg. Hitler trägt fortan den Titel „Führer und Reichskanzler". Die Amtsbezeichnung „Reichspräsident" wird nicht weiterverwendet.
9. August 1934:	Volksabstimmung zur Zusammenlegung der Ämter des Reichspräsidenten und des Reichskanzlers. Am folgenden Tag wird die Reichswehr auf den Führer vereidigt.

> „Ich schwöre Treue der Reichsverfassung und gelobe, dass ich als tapferer Soldat das Deutsche Reich und seine gesetzmäßigen Einrichtungen jederzeit schützen, dem Reichspräsidenten und meinen Vorgesetzten Gehorsam leisten will."
> (Eidesformel vom 14. August 1919)

> „Ich schwöre bei Gott diesen heiligen Eid, dass ich dem Führer des Deutschen Reiches und Volkes, Adolf Hitler, dem Oberbefehlshaber der Wehrmacht, unbedingten Gehorsam leisten und als tapferer Soldat bereit sein will, jederzeit für diesen Eid mein Leben einzusetzen." (Eidesformel vom 2. August 1934)

Aufgabe: *Kommentiert gemeinsam die einzelnen Schritte der Machterweiterung der nationalsozialistischen Regierung.*

Beisetzung Hindenburgs im Tannenberg-Denkmal (bei Hohenstein, Ostpreußen)

Die Festigung der Diktatur

Die Machtergreifung

Lösungen

Aufgabe: Individuelle Lösungen

Wichtig ist es, herauszuarbeiten, worin der Machtzuwachs für Hitler und seine Partei bestand:

- Aufhebung des Föderalismus und Einführung des Zentralismus zugunsten der Reichsregierung in Berlin
- Ausschaltung der Gewerkschaften und Beendigung des „Klassenkampfes" zwischen Unternehmern und Arbeitern bzw. Angestellten, Einheitsorganisation von Arbeitern und Unternehmern: die Deutsche Arbeitsfront (DAF) unter der Führung von Robert Ley
- Vernichtung der nicht systemkonformen Literatur (pazifistisch, sozialistisch, liberal, jüdisch u. a.) und Ausschaltung der nichtkonformen Kulturträger (Schriftsteller, Maler, Komponisten u. a.)

„Dort wo man Bücher verbrennt, verbrennt man am Ende auch Menschen."

(Heinrich Heine)

Bücherverbrennung auf dem Opernplatz in Berlin, 10. Mai 1933

- Verbot der noch bestehenden Parteien, NSDAP als einzige übrigbleibende Partei
- Ausschaltung der innerparteilichen Opposition in der SA zugunsten der Reichswehr und der SS
- Übernahme des höchsten Staatsamtes durch Adolf Hitler als Führer und Reichskanzler
- Übernahme der obersten Befehlsgewalt über die Reichswehr bzw. Wehrmacht

Vereidigung der Reichswehr auf Adolf Hitler

Die Machtergreifung

Die Sturmabteilung (SA)

Die SA ging aus dem Ordnerdienst der NSDAP hervor. Sie war ein politischer Kampfverband, der Uniformen (Braunhemd, Hakenkreuzarmbinde) und Waffen trug. Nach dem Hitlerputsch im November 1923 wurde sie verboten, nach der Neugründung der NSDAP 1925 aber neu gegründet. Die SA gliederte sich in eine Nachrichten-, Reiter- und Marine-SA.

Die SA war als Bürgerkriegsarmee und als Schlägertruppe der Partei gedacht. Ihr brutaler Straßen- und Wirtshauskampf (Saalschlachten) richtete sich vor allem gegen die Kommunisten. Die Weltwirtschaftskrise seit 1929 begünstigte ihren Aufstieg und trug zu ihrem raschen Wachstum bei. Im Jahr 1932 zählte sie bereits 200.000 Mitglieder. Bis 1938 wuchs die Zahl auf 1,2 Millionen an.

In der Krise fanden viele Arbeitslose und sozial Entwurzelte in der SA ihre politische Heimat. Das „System" war angeblich an ihrem Elend schuld, und das gab ihnen das Recht, es mit allen erlaubten und nicht erlaubten Mitteln zu bekämpfen. Gemeinsam traf man sich in den „Sturmlokalen".

Auf dem Weg zur Macht entfaltete die SA blutigen Terror. Nach dem Reichstagsbrand und der Verkündigung des Ermächtigungsgesetzes unterhielten die SA-Männer als „Hilfspolizisten" eigene Gefängnisse und Folterkeller. Die SA war an zahlreichen Verbrechen beteiligt. SA-Abteilungen bewachten die ersten bereits 1933 eingerichteten Konzentrationslager.

Nach der Entmachtung anlässlich des sogenannten „Röhm-Putschs" und der Ermordung ihres Stabschefs Ernst Röhm verlor die SA ihre Bedeutung. An ihre Stelle trat nun die aus der SA ausgegliederte SS als Eliteorganisation der NSDAP.

Die Schutzstaffel (SS)

Die SS entstand 1925. Sie hatte Schutz- und Sicherungsaufgaben zu erledigen. Prägend für die Weiterentwicklung der Eliteorganisation war der seit 1929 amtierende Reichsführer SS Heinrich Himmler. Er forderte ein bedingungsloses Bekenntnis zu Adolf Hitler und unterwarf das „Schwarze Korps" der strengsten Auslese. So mussten die Bewerber ihre arische Abstammung bis zum Jahr 1750 nachweisen und mindestens 1,80 Meter groß sein. – Äußerlich erkennbar waren die SS-Männer an ihrer schwarzen Uniform, den germanischen Si(e)g-Runen **(SS)** und dem Totenkopf-Emblem. Auf Junkerschulen zog die SS ihren eigenen Nachwuchs heran. – Himmlers Macht wuchs in Unermessliche, als er im Jahr 1936 **„Chef der deutschen Polizei"** wurde.

Vor allem die SS ist mit den zahllosen unmenschlichen Verbrechen der NS-Zeit verbunden. Sie organisierte und bewachte die Konzentrationslager, darunter die Vernichtungslager, in denen Millionen von Menschen ermordet wurden. Sie war für Deportationen, Erschießungen und Umsiedlungen in den von Deutschen annektierten bzw. besetzten Ostgebieten zuständig.

Die SS-Doktrin vertrat ein pervertiertes Menschen- und Eliteverständnis. Mit Billigung des Führers entfaltete sie sich in einem von herkömmlichen sittlichen Normen freien Raum, in dem letzten Endes nur sein Wille galt.

Bereits bestehende militärischen Verbände der SS wurden 1939 in **Waffen-SS** umbenannt. Im Jahr 1940 wurde sie organisatorisch eigenständig und unterstand nun dem Oberbefehl des Reichsführers SS Heinrich Himmler. Sie umfasste Kampfverbände, aber auch die Wachmannschaften für die Konzentrationslager.

Die SS wurde vom Internationalen Militärgerichtshof Nürnberg im Jahr 1946 (anders als die SA) zur verbrecherischen Organisation erklärt.

Aufgabe 1: *Die Kampfverbände SA und SS hatten unterschiedliche Aufgaben. Welche?*

Aufgabe 2: *„Meine Ehre heißt Treue." So hieß der Wahlspruch der SS. – Diskutiert darüber und untermauert eure Argumente möglichst mit Fakten.*

Die Sturmabteilung (SA) und die Schutzstaffel (SS)

Die Machtergreifung

Lösungen

Aufgabe 1: Die **SA** entstand aus dem Ordnungsdienst der NSDAP. Diese Aufgaben versah sie auch weiterhin bei Parteiveranstaltungen unterschiedlichster Art. Im Übrigen bereitete sie sich auf gewaltsame Auseinandersetzungen im Inneren vor. In der „Kampfzeit" kam es immer wieder zu blutigen Kämpfen, vor allem mit Kommunisten, Sozialdemokraten und freien (sozialdemokratischen) Gewerkschaften. In der Bevölkerung waren die braunen „Schlägertruppen" sehr gefürchtet.

Köpenicker Blutwoche

Im Juni 1933 unternahm die SA eine brutale Verfolgungsaktion gegen politische Gegner aus der Zivilbevölkerung (u. a. Kommunisten, Sozialdemokraten, Gewerkschafter und Juden). Bis zu 500 Personen wurden gefangen genommen, gedemütigt und gefoltert. Manche, zumindest 24 Personen, wurden ermordet oder starben an den Folgen der Misshandlungen, andere trugen dauerhafte körperliche und seelische Schäden davon.

Die **SS** war die Elitetruppe der NSDAP, die dem Führer zu ganz besonderer Treue verpflichtet war. Sie verkörperte und verteidigte die nationalsozialistische Weltanschauung und ging gegen alle Gegner des Nationalsozialismus mit äußerster Brutalität vor. Organisiert war sie wie ein nach außen abgeschlossener Orden (das Schwarze Korps) und wurde von dem fanatischen Germanenverehrer und Antisemiten Heinrich Himmler, Reichsführer SS, geführt. Ihre Unterdrückungs-, Arisierungs- und Vernichtungspolitik betrieb sie vor allem in den von Deutschen besetzten Gebieten des Ostens. Allerdings beging sie auch in anderen Teilen des deutschen Einflussgebietes schreckliche Verbrechen.

Aufgabe 2: Das Treueversprechen dem Führer gegenüber trug vielfach krankhafte, verstandesmäßig nicht mehr nachvollziehbare Züge. Gefordert war Treue gegebenenfalls bis in den Tod.

Für die bedingungslose Gefolgschaft dem Führer gegenüber und die damit verbundenen Verbrechen wären viele Beispiele zu nennen.

Aufstand im Warschauer Ghetto, April/Mai 1943. Verhör von jüdischen Internierten durch die SS.

Der Terror

Die Machtergreifung

Die NSDAP hatte ihre politischen Ziele bereits in der „Kampfzeit" mit außerordentlicher Brutalität verfolgt. Immer wieder kam es zu Übergriffen, die insbesondere den politischen Gegner, allen voran – aber nicht nur – die Kommunisten und die Sozialdemokraten betrafen. Beispielhaft wird hier über ein Ereignis berichtet, das sich in dem Ort Potempa in Oberschlesien zugetragen hatte:

> In der Nacht vom 9. auf den 10. August 1932 überfielen fünf SA-Männer den kommunistischen Arbeiter und Gewerkschafters Konrad Pietrzuch. In Anwesenheit seiner Mutter prügelten sie ihn tot. Die Täter wurden daraufhin – gesetzeskonform – durch ein Gericht in Beuthen zum Tode verurteilt.
>
> Hitler reagiert darauf mit einem Telegramm: *„Meine Kameraden! Angesichts dieses ungeheuerlichen Bluturteils fühle ich mich Euch in unbegrenzter Treue verbunden. Eure Freiheit ist von diesem Augenblick an eine Frage unserer Ehre. Der Kampf gegen eine Regierung, unter der dies möglich war, unsere Pflicht!"* – Im März 1933 wurden die Mörder von der neuen Regierung in die Freiheit entlassen.

Nach der Machtübernahme Hitlers im Januar 1933 wurde die durch die Weimarer Verfassung garantierte Rechtssicherheit Schritt für Schritt abgebaut. Wichtige Stationen auf diesem Weg waren die Reichstagsbrandverordnung und das Ermächtigungsgesetz von 1933. Gegen staatliche Übergriffe gab es von nun an keinen Schutz mehr. Die SA, die als „Hilfspolizei" eingesetzt worden war, schuf eine menschenverachtende und brutale Gewaltherrschaft. An die Öffentlichkeit drang wenig, weil es keine Pressefreiheit mehr gab. Wer sich allzu freimütig äußerte, musste mit strengsten Strafen rechnen. Das erste Konzentrationslager war bereits im März 1933 in Dachau bei München eingerichtet worden.

Besonders gefürchtet war die **Geheime Staatspolizei (Gestapo)**, die auch bereits 1933 entstanden war. Sie hatte die Aufgabe, politische Gegner auszuspähen, zu verfolgen und den inneren Widerstand im Reich zu ersticken. Im Jahr 1939 wurde sie in das **Reichssicherheitshauptamt** eingegliedert. Es war die zentrale Behörde zur Unterdrückung jeglichen Widerstands und zur Durchsetzung der nationalsozialistischen Ideologie. Eine irgendwie geartete Kontrolle ihrer Aktivitäten gab es nicht.

Heinrich Himmler war seit 1934 „Reichsführer SS" und seit 1936 zugleich „Chef der deutschen Polizei". In seiner Hand vereinigte sich eine ungeheure Macht. Ihm unterstand der gesamte Polizeiapparat, u. a. auch die Gestapo und der Sicherheitsdienst (SD) bzw. das Reichssicherheitshauptamt. Himmler war nur noch dem Führer verantwortlich. Über die Mord- und Vernichtungspolitik, die vor allem Himmler und seine SS zu vertreten hatte, wird an anderer Stelle berichtet.

Die Ahndung politischer Straftaten, die sich gegen das bestehende Herrschaftssystem richtete, war Aufgabe des bereits 1934 geschaffenen **Volksgerichtshofes.** Er ist er vor allem deshalb bekannt, weil hier zahlreiche Attentäter des 20. Juli 1944 zum Tode verurteilt wurden. Der Präsident des Gerichtes war zu dieser Zeit Roland Freisler. In seiner Person wird die Perversion der Gerichtsbarkeit besonders deutlich sichtbar.

Aufgabe 1: *Was hätten der Mord von Potempa und viele andere NS-Verbrechen in der „Kampfzeit" in der Bevölkerung bewirken können?*

Aufgabe 2: *Worin bestand die ungeheure Machtfülle Heinrich Himmlers?*

Der Terror

Die Machtergreifung

Lösungen

Aufgabe 1: Auch wenn nicht alle Verbrechen bekannt wurden: Die meisten Menschen wussten, dass die Nationalsozialisten vor Gewalttaten nicht zurückschreckten. Vielleicht glaubte man ihnen allzu oft, was über den politischen Gegner behauptet wurde (z. B. Unterschlagungen, Urkundenfälschung, sexuelle Perversionen, Geheimbündelei). Bemerkenswert ist, dass das schlechte „Image" bei den Reichstagswahlen der frühen dreißiger Jahre der NSDAP offenbar nicht schadete.

Aufgabe 2: Vermutlich war Himmler der mächtigste Mann im Staat. Das wiederum ermöglichte es ihm, die anderen hohen Würdenträger, z. B. Göring und Goebbels, in einer gewissen Abhängigkeit zu halten.

Die SS war sein eigentliches Machtinstrument und völlig auf das Prinzip von Befehl und Gehorsam eingeschworen. Zusätzlich unterstanden Himmler sämtliche Einrichtungen der Polizei. Sie war allgegenwärtig und nützte alle Informationsquellen, wozu nicht selten auch Denunzianten aus der Bevölkerung gehörten.

Heinrich Himmler, Reichsführer SS und Chef der deutschen Polizei

Volksgerichtshof, 1944 - in der Mitte Präsident Roland Freisler

Annexionen vor Kriegsbeginn

Die nationalsozialistische Außenpolitik

Das außenpolitische Hauptziel Adolf Hitlers war zunächst, Deutschland nach dem verlorenen Ersten Weltkrieg zu seiner alten Größe und Bedeutung zurückzuführen. Erbittert kämpften er und seine Anhänger gegen die als ungerecht und entehrend empfundenen Bestimmungen des Versailler Vertrages („Schanddiktat") von 1919. Mit diesen Forderungen konnte Hitler in weiten Teilen der Bevölkerung – auch bei Nicht-Nationalsozialisten – auf Zustimmung rechnen. Viele Offiziere und Soldaten der Reichswehr vertraten die Auffassung, dass der Versailler Vertrag, vor allem die darin enthaltenden territorialen Bestimmungen, eines Tages revidiert werden müssten – und das notfalls mit militärischer Gewalt.

Die Folgezeit zeigte, dass es Hitler nicht mehr nur um die Revision des Vertrages und damit die Wiederherstellung früherer Verhältnisse ging. Er erstrebte einen Nationalstaat, der möglichst alle deutschsprachigen Gebiete umfassen sollte. Hinzu kam das geopolitische Hauptziel seiner imperialistischen Weltanschauung: Dem deutschen Volk, das auf engem Raum in Mitteleuropa lebte, müsse es gelingen, neuen Lebensraum zu erobern. Naturgemäß kamen dafür nur die Länder des Ostens, allen voran Russland bzw. die Sowjetunion infrage. Zwar wurde die Erinnerung an die Kolonien, die zwischen den achtziger Jahren des 19. Jahrhunderts und 1914/18 zum Deutschen Reich gehört hatten, propagandistisch wachgehalten. Für Hitlers Lebensraumpolitik spielten sie aber keine nennenswerte Rolle.

Nach der Machtergreifung der Nationalsozialisten in den Jahren 1933/34 wurden die Bestimmungen des Versailler Vertrages unter geschickter Ausnützung der aktuellen Machtverhältnisse Schritt für Schritt abgebaut:

14. Oktober 1933	Austritt des Deutschen Reiches aus dem Völkerbund (Mitglied seit 1926)
Januar 1935	Rückkehr des Saargebiets, das bislang unter der Verwaltung des Völkerbundes gestanden hatte, nach einer Volksabstimmung zum Deutschen Reich
16. März 1935	Aufhebungen der Rüstungsbeschränkungen des Versailler Vertrags, Einführung der allgemeinen Wehrpflicht
18. Juni 1935	deutsch-britisches Flottenabkommen: deutsche Marineaufrüstung bis zu 35 Prozent der britischen Flotte
7. März 1936	Besetzung des entmilitarisierten Rheinlands durch die Wehrmacht
26. Juli 1936	Aufstellung der deutschen Legion Condor, um General Franco im spanischen Bürgerkrieg zu unterstützen. Erprobung der neuen deutschen Luftwaffe
13. März 1938	Nach dem Einmarsch deutscher Truppen Anschluss Österreichs an das Deutsche Reich
29./30. Sept. 1938	Abtretung des Sudetenlandes durch die Tschechoslowakei an das Deutsche Reich auf der Münchener Konferenz
1. Oktober 1939	Besetzung des Sudetenlandes durch die Wehrmacht
15. März 1939	Besetzung der „Resttschechei" durch die Wehrmacht
1. September 1939	deutscher Angriff auf Polen, Beginn des Zweiten Weltkriegs

Aufgabe 1: Welche Entwicklungslinie lässt sich aus den aufgelisteten Fakten ableiten?

Aufgabe 2: Hitler beteuerte immer wieder seinen Friedenswillen. Wie gelang es ihm, nach außen hin seine wahren Absichten zu verschleiern?

Annexionen vor Kriegsbeginn

Die nationalsozialistische Außenpolitik

Lösungen

Aufgabe 1: Hitler ging es darum, sich von den Fesseln durch den Versailler Vertrag zu lösen. Zunächst erstrebte er politische und militärische Gleichberechtigung. Ein ganz wichtiger Schritt in diesem Zusammenhang war die Aufkündigung der Rüstungsbeschränkungen und die Verkündigung der allgemeinen Wehrpflicht.

Weiter verfolgte er das Ziel, die territorialen Regelungen von 1919 schrittweise zugunsten Deutschlands zu revidieren. Dazu gehörte die Rückgewinnung des Saargebiets und die Remilitarisierung des Rheinlands, schließlich der durch den Versailler Vertrag verbotene Anschluss Österreichs an das Reich und die Annexion des Sudetenlandes.

Sonderbriefmarke zur Volksabstimmung über das Saargebiet, 1935

Mit der Besetzung der Resttschechei war klar, dass Hitler die deutschen Volkstumsgrenzen überschritten hatte und dass nun die Anliegerstaaten (vor allem Polen) um ihren Besitzstand und ihre Freiheit fürchten mussten.

Aufgabe 2: Das Erlebnis des Ersten Weltkriegs hatte auch im Westen zu einer tiefen Kriegsmüdigkeit geführt. Man vernachlässigte die militärische Nachrüstung und Modernisierung der Armee, auch deshalb, weil Deutschland mit seinem kleinen Hunderttausendmannheer keine ernsthafte Bedrohung mehr darstellte.

Hitler versprach unentwegt Frieden und schien sich auf den inneren Ausbau seines Landes zu konzentrieren. Längst ist bekannt, dass er insgeheim imperialistische Ziele verfolgte und nur auf den geeigneten Augenblick wartete, bis das Reich entsprechend gerüstet war und sich eine günstige Gelegenheit zum Losschlagen ergab.

Ein typisches Beispiel für die alliierte Selbstbeschwichtigungs-Strategie war die Appeasement-Politik des britischen Premierministers Neville Chamberlain: Wenn wir Hitler seine – irgendwie ja auch berechtigten – Forderungen erfüllen, dann wird er sich zufriedengeben. Das Gegenteil war der Fall: Hitler deutete das Nachgeben der Alliierten, z. B. bei der Münchener Konferenz, als Schwäche. Sie steigerte seine Begehrlichkeit.

Der Anschluss Österreichs

Die nationalsozialistische Außenpolitik

Der Vielvölkerstaat Österreich-Ungarn war am Ende des Ersten Weltkriegs auseinandergebrochen. Aus der Habsburger Monarchie ging eine Reihe neuer Staaten hervor. Übrig blieb (Deutsch-) Österreich mit der für dieses vergleichsweise kleine Land viel zu großen Hauptstadt Wien. Im Vertrag von Saint-Germain, dem österreichischen Gegenstück zum Versailler Vertrag, war Österreich der Anschluss an das Deutsche Reich ausdrücklich verboten worden. Aus sprachlichen, kulturellen und wirtschaftlichen Gründen gab es aber starke Bestrebungen, diese Vorschrift zu revidieren. Für die deutschen und die österreichischen Nationalsozialisten war der Zusammenschluss beider Länder eines der außenpolitischen Hauptziele.

Die Entscheidung fiel im März 1938. Hermann Göring drohte telefonisch mit dem Einmarsch der Wehrmacht in Österreich. Noch bevor es dazu kam, wirkte die Erpressung aus Berlin: Das austrofaschistische, diktatorische System des Bundeskanzlers Kurt Schuschnigg wurde durch die nationalsozialistische Regierung von Arthur Seyß-Inquart ersetzt. Der offizielle Anschluss fand am 13. März 1938 statt. Am 15. März 1938 verkündete dies Adolf Hitler von der Neuen Burg aus den Massen auf dem Heldenplatz in Wien:

> *„Ich kann [...] in dieser Stunde dem deutschen Volke die größte Vollzugsmeldung meines Lebens abstatten: Als Führer und Kanzler der deutschen Nation und des Reiches melde ich vor der Geschichte nunmehr den Eintritt meiner Heimat in das Deutsche Reich!"*

Die Begeisterung in der Bevölkerung war überschwänglich. Ein seit langem gehegter Traum – nicht nur der Nationalsozialisten – schien in Erfüllung zu gehen. Österreich war von nun an ein integraler Teil des so entstandenen „Großdeutschen Reiches".

Mit dem Einmarsch der Wehrmacht in Österreich hatte „eine Orgie der Gewalt ohnegleichen" (Hans Mommsen) begonnen. In den ersten Tagen wurden etwa 70.000 Menschen verhaftet, darunter Politiker des österreichischen Ständestaates, Intellektuelle und vor allem Juden.

Hitlers Rede auf dem Heldenplatz in Wien, 15. März 1938

Aufgabe 1: *Versuche dich in die Lage (Deutsch-)Österreichs nach dem Ersten Weltkrieg hineinzuversetzen.*

Aufgabe 2: *Wie erreichten Hitler und Göring den Anschluss Österreichs an das deutsche Reich?*

Aufgabe 3: *Nenne Gründe für die Begeisterung in weiten Teilen der Bevölkerung.*

Der Anschluss Österreichs

Die nationalsozialistische Außenpolitik

Lösungen

Aufgabe 1: Die Lage Österreichs war überaus schwierig. Nicht nur, dass – wie in Deutschland – die Kriegslasten (Witwen, Waisen, Invaliden u. a.) zu tragen waren. Österreich hatte auch sein weites Hinterland verloren. Die Metropole Wien, von der aus das Vielvölkerstaat regiert worden war, erwies sich als viel zu groß. Die wirtschaftlichen und sozialen Fragen erschienen fast unlösbar. Durch die Weltwirtschaftskrise ab 1929 war neues Massenelend entstanden.
Sicher würden sich die Zustände verbessern, wenn Österreich mit dem inzwischen erstarkten Deutsche Reich zusammenging.

Aufgabe 2: Hitler und Göring wussten, dass es große Bestrebungen gab, die Vorschriften des Friedensvertrags von Saint-Germain zu revidieren. Sie konnten darauf hoffen, dass ihre auf Anschluss Österreichs an das Deutsche Reich zielende Politik von weiten Teilen der Bevölkerung mitgetragen wurde.

Die austrofaschistische Regierung unter Bundeskanzler Schuschnigg verteidigte das selbstständige Österreich gegen den deutschen Anspruch. Letzten Endes blieb der Widerstand aber halbherzig. Schuschnigg beugte sich der Erpressung durch Göring und die Reichsregierung in Berlin. Eine militärische Konfrontation wollte er auf jeden Fall vermeiden.

> „Noch bis 5h nachts mit dem Führer allein beraten. Er glaubt, die Stunde ist gekommen. Will nur noch die Nacht darüber schlafen. Italien und England werden nichts machen. Vielleicht Frankreich, aber wahrscheinlich nicht. Risiko nicht so groß wie bei der Rheinlandbesetzung." (Joseph Goebbels: Tagebücher)

Juden werden gezwungen, proösterreichische Parolen von den Gehwegen zu entfernen, März/April 1938

Aufgabe 3: Die Gründe wurden bereits angesprochen. Sprachliche, geschichtliche und kulturelle Traditionen verbanden Deutsche und Österreicher miteinander. Insgesamt erwarteten die Österreicher eine Verbesserung ihrer wirtschaftlichen und sozialen Zustände durch das Zusammengehen mit dem Deutschen Reich, das sich gut von der Weltwirtschaftskrise, u. a. wegen der boomenden Rüstungsindustrie, erholt hatte.

Die Münchener Konferenz

Die nationalsozialistische Außenpolitik

Nach dem Auseinanderfallen des Habsburger Reiches entstand als einer der neuen Nachfolgestaaten die **Tschechoslowakei**. Tschechen und Slowaken waren nun in einem Staat vereinigt. Ein Blick auf die Landkarte zeigt die schwierige geopolitische Lage des neuen Landes. Zwar besaß es natürliche Grenzen gegenüber Deutschland, das Riesengebirge, das Erzgebirge und den Böhmerwald. Innerhalb dieses Territoriums lebten aber – vor allem entlang der Gebirge – seit Jahrhunderten viele Deutsche, die sogenannten Sudetendeutschen, in verhältnismäßig geschlossenen Siedlungsgebieten. Sehr rasch kam es in der Zeit seit 1919 zu Konflikten zwischen den verschiedenen Volksgruppen.

Ein Anschluss der deutschen Gebiete an Österreich war nicht möglich. Nachdem die Nationalsozialisten in Deutschland die Macht errungen hatten, setzten deutsche Nationalisten im Sudetenland ihre Hoffnungen auf Adolf Hitler. Vielleicht würde es ihm gelingen, sie aus dem als Fremdherrschaft empfundenen tschechisch-slowakischen Staatenverbund zu befreien. Der Protest gegen die Regierung in Prag wurde vor allem von der **Sudetendeutschen Partei** Konrad Henleins getragen. Sie wurde zur bestimmenden politischen Kraft innerhalb der deutschen Bevölkerung.

Hitler bedrängte Henlein und seine Partei, der Regierung in Prag Forderungen zu stellen, die für die Tschechen unerfüllbar waren. So entstand eine gefährliche Situation, die nur auf internationaler Ebene gelöst werden konnte.

Den Westmächten ging es darum, einen drohenden Krieg zu vermeiden. Der britische Premierminister Neville Chamberlain hoffte, durch seine **Appeasement-Politik** (Beschwichtigungspolitik) den Frieden sichern zu können. Hitler wollte eine rasche Lösung. Der faschistische Staatschef Italiens, Benito Mussolini, gewann ihn für eine internationale Konferenz über das Sudetenland. Sie fand am 29./30. September 1938 in München statt. Teilnehmer waren das Deutsche Reich (Hitler), Großbritannien (Chamberlain), Frankreich (Daladier) und Italien (Mussolini). Bemerkenswert ist, dass die ja vor allem betroffene Tschechoslowakei und die ihr verbündete Sowjetunion gar nicht erst eingeladen waren.

Das von den vier Mächten beschlossene **Münchener Abkommen** sah vor, dass die Tschechoslowakei das Sudetenland an das Deutsche Reich abtrat (2,9 Millionen Deutsche, 0,7 Millionen Tschechen). Am 1. Oktober marschierte die Wehrmacht in dieses Gebiet ein. Einzelheiten der Übernahme sollten durch einen internationalen Ausschuss festgelegt werden.

Ohne einen einzigen Schuss hatte Deutschland ein weiteres wichtiges Territorium gewonnen. Die Begeisterung im Sudetenland war ungeheuer. Die warnenden Stimmen, die es auch gab, wurden vom allgemeinen Jubel übertönt. Die Sudetenkrise war zu Ende. Hitler hatte mit Hilfe der Westmächte und Italiens am Konferenztisch gesiegt.

Münchener Konferenz:
Chamberlain, Daladier, Hitler, Mussolini (v. l. n. r.)

Aufgabe 1: *Wodurch entstand die sogenannte „Sudetenfrage"?*

Aufgabe 2: *Was bedeutete das Münchner Abkommen
a) für die Sudetendeutschen, b) für die Tschechoslowakei insgesamt?*

Die Münchener Konferenz

Die nationalsozialistische Außenpolitik

Lösungen

Aufgabe 1: Spannungen zwischen unterschiedlichen Völkern und Volksgruppen sind keine Seltenheit. Sie reichen von Spott und Misstrauen bis zu gewalttätigen Auseinandersetzungen. Die Gründung der Tschechoslowakei im Jahr 1918 schuf eine neue Situation. Das Staatsgebiet reichte bis zu den natürlichen Gebirgsbarrieren vor allem gegenüber dem Deutschen Reich. Das bedeutete aber, dass mehrere Millionen Deutsche nun zur Tschechoslowakei gehörten. Der Regierungssitz war Prag. Die Tschechen dominierten das neue Gemeinwesen. Viele, vermutlich die meisten Deutschen fühlten sich zurückgesetzt und benachteiligt. Sie zogen es vor, zusammen mit anderen Deutschen in Österreich oder in Deutschland zu leben. Klar, dass eine solche Lösung den Bestand des tschechoslowakischen Staats infragestellte.

Hitler löste die Sudetenfrage auf seine Weise, indem er den Anschluss des Sudetengebiets an das Deutsche Reich erzwang. Ob die sogenannte „Resttschechei" überleben würde, war höchst fraglich.

Aufgabe 2:

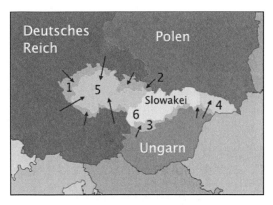

Anschluss des Sudetenlandes (1) an das Deutsche Reich.
Die Slowakei hat 1939 ihre Unabhängigkeit erklärt.

a) Die Sudetendeutsche Partei Konrad Henleins hatte ihr Ziel erreicht. Das Sudetengebiet wurde dem Deutschen Reich einverleibt. Die meisten Sudetendeutschen begrüßten diese Entwicklung begeistert. Diejenigen, die Hitlers Absichten durchschauten und eine andere Auffassung vertraten, konnten sich nicht durchsetzen. Sie mussten damit rechnen, von den neuen Herren verfolgt zu werden.

Tschechische Flüchtlinge aus dem Sudetenland

b) Die Tschechoslowakei hatte mit einem Schlag Millionen von Einwohnern und wichtige Wirtschaftsgebiete verloren. Hinzu kam, dass sich die Slowakei unter der Einflussnahme durch die deutsche Reichsregierung am 14. März 1939 von den Tschechen losgesagt hatte.

Die „Resttschechei" war nun auf ein enges, gegebenenfalls kaum zu verteidigendes Gebiet im Inneren Böhmens zusammengeschrumpft.

Die Besetzung der „Resttschechei"

Die nationalsozialistische Außenpolitik

Hitler hatte die Absicht, die sogenannte „Resttschechei", die sich durch die Abspaltung des Sudetenlandes und die Unabhängigkeitserklärung der Slowakei (14. März 1939) in einer hoffnungslosen Lage befand, zu zerschlagen. Die Presse in Deutschland erzeugte eine aggressive Stimmung, indem sie von Terrorakten gegen Deutsche und Slowaken berichtete. Hitler hatte bereits das Datum für den Einmarsch festgelegt. Am Abend des 14. März traf der tschechische Staatspräsident Emil Hácha in Berlin ein. Er hatte um ein Gespräch gebeten.

Hácha musste lange auf dieses Gespräch warten. Erst zwischen ein und zwei Uhr in der Nacht wurde er vorgelassen. Hitler erklärte, seine Geduld sei zu Ende. Die Wehrmacht werde am kommenden Morgen um sechs Uhr in die Tschechei einmarschieren. Später drohte Hermann Göring mit der Bombardierung von Prag.

Hácha erlitt unter dem Erpressungsdruck seiner Gesprächspartner einen Herzanfall und musste durch Hitlers Leibarzt behandelt werden.

Am frühen Morgen hatte der tschechische Staatspräsident kapituliert. Er und sein Außenminister wiesen die Prager Behörden an, bei einem deutschen Einmarsch keinen Widerstand zu leisten, um Blutvergießen zu verhindern. Kurz vor vier Uhr unterschrieb Hácha eine Urkunde, die die Souveränität des tschechischen Staates beendete. Hácha legte „das Schicksal des tschechischen Volkes vertrauensvoll in die Hände des Führers".

Der Einmarsch von Wehrmacht und SS-Verfügungsverbänden in Prag erfolgte am frühen Morgen des 15. März. Die Truppen erreichten etwa um 9 Uhr die Hauptstadt Prag. Augenblicklich begann die Verfolgung von Kommunisten und deutschen Emigranten durch die Geheime Staatspolizei (Gestapo).

Die Resttschechei wurde zum **Protektorat Böhmen und Mähren** erklärt und damit völlig vom Deutschen Reich abhängig.

Die inzwischen unabhängig gewordene Slowakei stellte sich „unter den Schutz des Reiches". Sie war von nun an ein Satellitenstaat des nationalsozialistischen Deutschen Reiches.

Einmarsch der Wehrmacht in Brünn, 16. März 1939

Aufgabe 1: *Das Vorgehen Hitlers und Görings ist hier ein wenig ausführlicher geschildert worden. Wie erreichen die beiden ihr Ziel?*

Aufgabe 2: *Erstmalig hat das Deutsche Reich mit der Annexion der Resttschechei die deutschen Volkstumsgrenzen überschritten. Was bedeutet das für die Einschätzung des nationalsozialistischen Deutschlands im Ausland?*

Die Besetzung der „Resttschechei"

Die nationalsozialistische Außenpolitik

Lösungen

Aufgabe 1: Das Ergebnis dieses Gesprächs stand von vornherein fest: Deutschland würde in die Resttschechei einmarschieren. Staatspräsident Hácha, der bei seinem Gespräch in Berlin teilweise erniedrigend behandelt wurde, hatte keine Chance, das Schicksal seines Landes abzuwenden. Hitler und Göring erpressten ihn mit militärischen Drohungen. Der Herzanfall des Politikers kam ihnen gerade recht. Letzten Endes willigte er ein, um in dieser aussichtslosen Lage den Menschen in Böhmen und Mähren ein Blutvergießen zu ersparen.

Aufgabe 2: Die bisherigen Annexionen, die im Rahmen der westlichen, vor allem britischen Appeasement-Politik erfolgt waren (Österreich, Sudetenland) ließen sich damit begründen, dass es hier um Deutsche ging und dass sie eine Revision des Versailler Vertrags von 1919 beinhalteten.

In der Resttschechei lebten zum allergrößten Teil Tschechen, die Angehörigen eines westslawischen Volkes. Der Anschluss an das Deutsche Reich war ein militärischer Willkürakt.

Das Ereignis musste die Welt alarmieren. Nun begriffen die Westalliierten, dass sie Hitler zu weit entgegengekommen waren. Besonders musste sich Polen bedroht fühlen. Der im bzw. nach dem Ersten Weltkrieg entstandene Staat hatte nach dem Krieg große Teile Ostdeutschlands zugesprochen bekommen. (Provinzen Posen und Westpreußen, Teile des Industriegebietes Oberschlesien).
In Deutschland gab es starke Bestrebungen – nicht nur bei den Nationalsozialisten –, dass dieses „Unrecht" eines Tages rückgängig gemacht werden müsse, gegebenenfalls sogar mit militärischer Gewalt. Ein deutscher Angriff auf Polen erschien sehr wahrscheinlich. Diese Tatsache bewog Großbritannien und Frankreich, am 31. März eine Garantierklärung für die Unabhängigkeit Polens abzugeben.

SA-Einheit auf der Karlsbrücke in Prag, 1938

Der Weg in den Krieg

Die nationalsozialistische Außenpolitik

Immer wieder beteuerte der nationalsozialistische Reichskanzler Adolf Hitler seinen Friedenswillen. Gleichzeitig tat er alles, um das Reich auf einen Krieg vorzubereiten. Schon im Februar 1933, wenige Tage nach seinem Amtsantritt, erläuterte er Offizieren der Reichswehr seine Absicht, Lebensraum im Osten zu erwerben. Das war nur durch Krieg möglich. Die Welt ließ sich täuschen, als Hitler im Januar 1934 einen **Nichtangriffspakt mit Polen** schloss.

Am 16. März 1935 führte das Deutsche Reich die **allgemeine Wehrpflicht** ein. Damit verstieß Hitler gegen eine der wichtigsten Bestimmungen des Versailler Vertrages. Er berief sich darauf, dass es an der Zeit sei, Deutschland seine Gleichberechtigung mit den anderen Ländern zurückzugeben. Sogleich begann ein forcierter Aufbau der bis dahin ja verbotenen Luftwaffe.

Im Juni schloss Deutschland das **deutsch-britische Flottenabkommen**, dass es ihm – ebenfalls im Gegensatz zu Versailles – ermöglichte, seinen Flottenbestand auf 35 Prozent der britischen Flottenstärke aufzurüsten.

Im März 1936 marschierte die Wehrmacht in das **entmilitarisierte Rheinland** ein und verstieß damit gegen den ja auch von Deutschland unterzeichneten Vertrag von Locarno aus dem Jahr 1926. Hitler war sich des Risikos einer diplomatischen Niederlage wohl bewusst. Außer Protesten geschah aber nichts. Der Führer hatte sich durchgesetzt und damit einen spektakulären Propagandaerfolg errungen.

Nun ging es darum, um Verbündete zu werben. Im November 1936 entstand die **Achse Berlin-Rom**. Fortan waren das faschistische Italien unter Benito Mussolini und das nationalsozialistische Deutschland miteinander verbündet. Wenig später entstand der **Antikominternpakt** zwischen Deutschland und Japan. Im Jahr 1937 trat auch Italien diesem Vertrag bei.

Ein ganz wichtiges Dokument von Hitlers außenpolitischen Absichten ist das **Hoßbach-Protokoll** vom 5. November 1937. Er erläuterte den Generälen der Wehrmacht und dem Reichsaußenminister Konstantin von Neurath seine militärischen Expansionspläne.

Im Februar 1938 entließ Hitler den Kriegsminister Werner von Blomberg und den Oberbefehlshaber des Heeres Werner von Fritzsch. Er übernahm selbst das Amt des Kriegsministers und damit den **Oberbefehl über die Wehrmacht**. Im März 1938 erfolgte nach dem Einmarsch der Wehrmacht der **Anschluss Österreichs**, im Oktober 1938 der **Anschluss des Sudetenlandes** an das Deutsche Reich. Im März 1939 wurde die „Resttschechei" besetzt und in das **Protektorat Böhmen und Mähren** umgewandelt. Die drohende Kriegsgefahr veranlasste Polen im März 1939 zu einer Teilmobilmachung seiner Armee. Im gleichen Monat gaben Großbritannien und Frankreich eine Garantierklärung für die Unabhängigkeit Polens.

Am 3. April gab Hitler die Weisung an die Wehrmacht, sich für den Angriff auf Polen am 1. September vorzubereiten. Wenige Tage später kündigte er den deutsch-polnischen Nichtangriffspakt und das deutsch-britische Flottenabkommen.

Völlig überraschend schlossen Hitler und Stalin am 24. August 1939 einen **deutsch-sowjetischen Nichtangriffspakt** ab. Für den Fall eines Krieges mit Polen würde sich die Sowjetunion nicht einmischen.

Nach einem durch SS-Angehörige vorgetäuschtem vermeintlichen polnischen Überfall auf den Sender Gleiwitz in Schlesien erfolgte am frühen Morgen des **1. September 1939** der deutsche **Angriff auf Polen**. Der Zweite Weltkrieg hatte begonnen.

Aufgabe 1: *Hitlers Bestreben war, die Bestimmungen des Versailler Vertrages zu revidieren. Wie verhielten sich Großbritannien und Frankreich?*

Aufgabe 2: *Welche Maßnahmen dienten dazu, einen Krieg vorzubereiten?*

Der Weg in den Krieg

Die nationalsozialistische Außenpolitik

Lösungen

Aufgabe 1: Der Kampf gegen den Versailler Vertrag war von allem Anfang ein besonders wichtiger Programmpunkt Hitlers und seiner NSDAP. Hitler führte die allgemeine Wehrpflicht ein und begann mit einer forcierten Aufrüstung des Deutschen Reiches. Er ließ das entmilitarisierte Rheinland von der Wehrmacht besetzten, erzwang den Anschluss Österreichs und des Sudetenlandes an Deutschland.

Die Westmächte protestierten, waren aber zu einer entschiedenen Gegenwehr weder in der Lage noch willens. Man hoffte, Hitler durch die Appeasement-Politik besänftigen zu können. Der Umschwung trat dann ein, als Hitler die „Rest-tschechei" durch deutsche Truppen besetzen ließ und damit erstmals ein nicht von Deutschen bewohntes Territorium unterwarf.

Aufgabe 2: Bereits wenige Tage nach seiner Machtübernahme informierte Hitler Offiziere der Reichswehr über seine geopolitischen Pläne, insbesondere über den Erwerb von Lebensraum für die Deutschen im Osten. Ein ganz wichtiger Schritt war die Verkündung der allgemeinen Wehrpflicht und die nun erfolgende massive Aufrüstung des Reiches. Dazu gehörten auch Waffen, die seinerzeit durch den Versailler Vertrag verboten worden waren: Kriegsschiffe, Panzer und Flugzeuge.

Der Kriegsvorbereitungen dienten auch die Begründung der Achse Berlin-Rom und der Antikominternpakt mit Japan und Italien. Im spanischen Bürgerkrieg (1936 - 1939) konnten Hitler und Göring die neue Luftwaffe mit der Legion Condor erproben.

Die Generalität wurde vom Führer selbst 1937 über seine militärischen Pläne (Hoßbach-Protokoll) informiert.

Um den geplanten Angriff auf Polen abzusichern, ließ Hitler durch seinen Außenminister Joachim von Ribbentrop wenige Tage vor Kriegsbeginn den deutsch-sowjetischen Nichtangriffspakt aushandeln. Im Fall eines Krieges mit Polen würde sich die Sowjetunion neutral verhalten.

Josef Stalin und Joachim von Ribbentrop
anlässlich der Unterzeichnung des Nichtangriffspaktes

„Das Ziel der deutschen Politik sei die Sicherung und die Erhaltung der Volksmasse und deren Vermehrung. Somit handele es sich um das Problem des Raumes."

„Zur Lösung der deutschen Frage könne es nur den Weg der Gewalt geben, dieser würde niemals risikolos sein."

(aus dem Hoßbach-Protokoll, 5.11.1937)

Der Widerstand gegen das NS-Regime

INFOKARTE Exkurs I

Einsichtige Zeitzeugen hatten vor der nationalsozialistischen Herrschaft gewarnt. Sie ahnten, dass Hitler nicht nur eine Diktatur errichten wollte, sondern auch auf einen Krieg zusteuerte. Der kommunistische und der sozialdemokratische Widerstand wurden rasch zerschlagen. Kleinere Zellen arbeiteten insgeheim weiter. Viele der Hitler-Gegner zahlten für ihren Einsatz mit dem Leben. Manche retteten sich ins ausländische Exil und setzten von dort aus ihre politische Tätigkeit fort.

Im Lauf der Jahre wurden etwa 40 Attentate auf Adolf Hitler versucht. Bekannt ist vor allem das **Bombenattentat** des Schreinergesellen **Georg Elser** vom 8. November 1939 im Bürgerbräukeller in München. Es scheiterte deshalb, weil Hitler vorzeitig den Saal verließ.

Nach der Katastrophe von Stalingrad im Winter 1942/43 war vielen klar, dass der Krieg für Deutschland verloren war. Um Oberst **Claus Schenk Graf von Stauffenberg** sammelte sich eine weit gefächerte Verschwörergruppe, die das Ziel hatte, Hitler durch ein Bombenattentat zu töten. Sie reichte vom Militär und der konservativen Rechten bis zu den Sozialdemokaten und Gewerkschaftern, sogar den Kommunisten. – Am **20. Juli 1944** zündete Stauffenberg die Bombe im Führerhauptquartier Wolfsschanze in Ostpreußen. Wider Erwarten überlebte Hitler das Attentat. Die Widerstandskämpfer wurden Opfer einer grausamen Racheaktion.

Aufgabe: *Der Widerstand im Dritten Reich kann in diesem Zuammenhang nur sehr kurz erwähnt werden. Informiere dich ggf. ausführlicher über den Attentatsversuch Georg Elsers im November 1939 und das Stauffenberg Attentat vom 20. Juli 1944 (alle Hilfsmittel erlaubt).*

Die Kirchen im Dritten Reich

INFOKARTE Exkurs II

Die gläubigen Christen waren den Zehn Geboten und den Lehren Jesu verpflichtet. Sehr rasch wurde deutlich, dass die Nationalsozialisten gegen die geltenden Moral- und Sittengesetze absichtlich verstießen und die Kirchen bekämpften. Hitlers Bekenntnis zum „positiven Christentum" diente fürs Erste der Beschwichtigung weiter Teile der Bevölkerung. Insgesamt reichte das Verhältnis der Katholiken und Protestanten zum Nationalssozialismus von entschiedener Ablehung bis zu Duldung und Unterstützung.

Die Katholiken zeigten sich eher ablehnend. In seiner **Ezyklika „Mit brennender Sorge"** vom März 1937 äußerte Papst Pius XI. seine tiefe Besorgnis bezüglich der Verhältnisse in Deutschland und der Behinderung durch die Nationalsozialisten. Viele Geistliche wurden vom Regime verfolgt oder gar getötet. – In der evangelischen Kirche zeigte sich der Zwiespalt zwischen den Gläubigen besonders deutlich. Hier gab es Menschen, die das politische System ablehnten und bekämpften. Seit 1934 formierte sich, u. a. wegen der Ablehnung der NS-Rassenideologie, die **„Bekennende Kirche"**. Später beteiligten sich viele evangelische Christen am Widerstand gegen Hitler, z. B. Dietrich Bonhoeffer und Martin Niemöller.

Die Anhänger Hitlers hatten bereits 1931 die Glaubensbewegung **Deutsche Christen (DC)** gegründet. In den dreißiger Jahren gewann sie – auch durch Hitlers Unterstützung – die Mehrheit in den kirchlichen Gremien. Sie war antisemitisch und huldigte dem Führerprinzip. Seit September 1933 wurde sie von „Reichsbischof" Ludwig Müller geleitet.

Der Widerstand gegen das NS-Regime

INFOKARTE Exkurs I

Lösungen

Aufgabe: Individuelle Lösungen – Wichtig sind: die Beweggründe der Attentäter, der Ablauf der Attentatsversuche, die Gründe für das Scheitern, die Folgen für die Attentäter.

> „Es ist Zeit, dass jetzt etwas getan wird. Derjenige allerdings, der etwas zu tun wagt, muss sich bewusst sein, dass er wohl als Verräter in die deutsche Geschichte eingehen wird. Unterlässt er jedoch die Tat, dann wäre er ein Verräter vor seinem Gewissen."
>
> (Claus Schenk Graf von Stauffenberg)

Die durch das Bombenattentat zerstörte Baracke im Führerhauptquartier, 20. Juli 1944

Die Kirchen im Dritten Reich

INFOKARTE Exkurs II

Barmer Theologische Erklärung gegen den Anspruch der Deutschen Christen, Mai 1934 (Auszüge)

Wir verwerfen die falsche Lehre, als gebe es Bereiche unseres Lebens, in denen wir nicht Jesus Christus, sondern anderen Herren zu eigen wären. –

Wir verwerfen die falsche Lehre, als dürfe die Kirche die Gestalt ihrer Botschaft und ihrer Ordnung ihrem Belieben oder dem Wechsel der jeweils herrschenden weltanschaulichen und politischen Überzeugungen überlassen. –

Wir verwerfen die falsche Lehre, als könne und dürfe sich die Kirche abseits von diesem Dienst besondere, mit Herrschaftsbefugnissen ausgestattete Führer geben und geben lassen. –

Wir verwerfen die falsche Lehre, als könne die Kirche in menschlicher Selbstherrlichkeit das Wort und Werk des Herrn in den Dienst irgendwelcher eigenmächtig gewählter Wünsche, Zwecke und Pläne stellen.

Kirchenratswahlen, Berlin 1933

Ein Überblick I

Der Zweite Weltkrieg

> Der Zweite Weltkrieg ist ein eigenes umfassendes Themengebiet der deutschen Geschichte und der Weltgeschichte. Eine ausführliche Darstellung würde den Rahmen dieses Arbeitsheftes sprengen. Deshalb mag hier ein zusammenfassender Überblick genügen.

Am 1. September 1939 begann der Zweite Weltkrieg mit dem deutschen **Angriff auf Polen** ohne Kriegserklärung. Am Tag darauf wurde die Freie Stadt Danzig wieder in das Deutsche Reich eingegliedert. Am 3. September erklärten Frankreich und Großbritannien Deutschland den Krieg. Es kam zu kleineren Militäraktionen der beiden Mächte. Die Wehrmacht verhielt sich aber defensiv. Insgesamt bliebt es an der Westfront fürs Erste ruhig („Sitzkrieg").

Am 27. November besetzten sowjetische Truppen Ostpolen, das ihnen im Nichtangriffspakt mit Hitler zugesprochene Interessengebiet.

Die polnische Armee kapitulierte bereits am 6. Oktober. Am 8. Oktober vollzogen Deutschland und die UdSSR im Vertrag von Brest-Litowsk die sogenannte **„vierte polnische Teilung"**. Die Sowjetunion erhielt Ostpolen, das Deutsche Reich u. a. die Gebiete im Westen, die nach dem Ersten Weltkrieg verloren gegangen waren. Das restliche Polen wurde **Generalgouvernement** unter deutscher Herrschaft.

Am 9. April 1940 begann die Invasion Deutschlands in Norwegen und Dänemark zur Sicherung der kriegswichtigen Eisenerzversorgung. Am 10. Mai überfiel die Wehrmacht die neutralen Staaten Niederlande, Belgien und Luxemburg und griff **Frankreich** an. Der **Westfeldzug** hatte begonnen.

Am 17. Juni besetzten sowjetische Truppen die aufgrund des Nichtangriffspakts ebenfalls zum sowjetischen Interessengebiet gehörenden, seit dem Ersten Weltkrieg souveränen **baltischen Staaten**. Sie werden im folgenden Jahr in die Sowjetunion eingegliedert.

Am 22. Juni wurde nach der militärischen Niederlage Frankreichs der deutsch-französische Waffenstillstand in Compiègne unterzeichnet. Im Juli wurde Frankreich in ein besetztes und ein unbesetztes Gebiet unterteilt. Marschall Pétain wurde französisches Staatsoberhaupt. Die von den Deutschen abhängige Regierung amtierte in Vichy im unbesetzten Südfrankreich.

Im Juli begann die **Luftschlacht um England**, u. a. mit der Bombardierung von London. Der Plan einer Invasion in England wurde wegen zu großer Risiken aufgegeben.

Hautbahnhof Warschau nach einem deutschen Luftangriff, September 1939

Ein Überblick II

Am 28. Oktober 1940 erfolgte ein Angriff Mussolinis auf Griechenland. Damit begann der **griechisch-italienische Krieg**.

Im Dezember 1940 geriet die italienische Armee durch einen britischen Gegenangriff in Nordafrika in Bedrängnis. Mussolini bat Hitler um militärische Unterstützung. Dies führte im Februar des folgenden Jahres zur Aufstellung des deutschen **Afrikakorps** unter General Erwin Rommel. Er konnte die Engländer bis zur ägyptischen Grenze zurückdrängen.

Am 18. Februar 1941 verabschiedete der Kongress der Vereinigten Staaten das **Leih- und Pachtgesetz** (Lend-Lease Act), das es den USA gestattete, zu seiner eigenen Sicherheit Kriegsmaterial und Rohstoffe an andere Länder zu liefern (zunächst vor allem an Großbritannien, später auch an die UdSSR).

Am 6. April begann der **Balkanfeldzug** der deutschen Wehrmacht gegen Griechenland und Jugoslawien. Beide Länder kapitulierten nach wenigen Tagen.

Am 22. Juni griff die Wehrmacht in breiter Front die völlig unvorbereitete Sowjetunion an. – Stalin hatte sich auf den Nichtangriffspakt von 1939 verlassen. – Das war der Beginn des **Deutsch-Sowjetischen Krieges**, der letzten Endes das Schicksal der Wehrmacht und des Deutschen Reiches insgesamt besiegelte.

Der Zweite Weltkrieg

Der Krieg gegen Russland war von Anfang an als Vernichtungskrieg geplant. Hitler ging es darum, Lebensraum für das deutsche Volk zu erobern. Die Russen („slawische Untermenschen") und andere Ostvölker sollten versklavt werden.

Am 7. Dezember 1941 griffen die Japaner völlig überraschend den US-Marinestützpunkt **Pearl Harbor** auf Hawaii an. Die Vereinigten Staaten antworteten am Tag darauf mit der Kriegserklärung an Japan. Deutschland und Italien stellten sich auf die Seite ihres Verbündeten und erklärten den USA am 11. Dezember den Krieg. Der europäische Krieg war spätestens jetzt zum **Weltkrieg** geworden.

Das Kaiserreich Japan unternahm in dieser Zeit einen beispiellosen Eroberungskrieg In Südostasien (u. a. Besetzung der Philippinen und Indonesiens im Januar 1942)

Am 11. November 1942 besetzte die Wehrmacht das bis dahin „freie" Südfrankreich.

Die sinkende „California" in Pearl Harbor, 7. Dezember 1941

Ein Überblick III

Die **Schlacht um Stalingrad** (heute Wolgograd), eine wichtige sowjetische Industriestadt, bezeichnete die Wende des Zweiten Weltkriegs. Der deutsche Angriff hatte im Spätsommer 1942 begonnen. Im November wurden die 6. Armee und verbündete Verbände von der Roten Armee eingekesselt. In aussichtsloser Lage kämpften sie bis Ende Januar/Anfang Februar 1943. Hitler

Gefallene in Stalingrad

hatte die Kapitulation verboten. Etwa 110.000 deutsche Soldaten gerieten in Kriegsgefangenschaft. Insgesamt waren in der Schlacht etwa 700.000 Menschen, vorwiegend Soldaten der Roten Armee, umgekommen.

Am 10. Juli landeten die Alliierten auf Sizilien. Eine der Folgen war, dass es in Rom zum Umsturz kam und der italienische Duce (Führer) **Benito Mussolini** am 25. Juli **verhaftet** wurde. Am 3. September wurde ein Waffenstillstand zwischen den Alliierten und Italien vereinbart. Aus Verbündeten waren Feinde geworden. Die Deutschen richteten eine Front südlich von Neapel ein, mussten in der Folgezeit aber Schritt für Schritt zurückweichen. Am 2. September wurde Mussolini von deutschen Fallschirmjägern aus seiner Gefangenschaft auf dem Gran Sasso befreit. Danach leitete er eine völlig von den Deutschen abhängige Marionettenregierung in Salò am Gardasee.

Am 6. Juni 1944 landeten alliierte Verbände in der größten **Invasion** der Weltgeschichte an der Küste der Normandie und eroberten so einen Brückenkopf auf dem europäischen Festland. In der Folgezeit kämpften sie sich auf dem europäischen Kontinent weiter voran (Eroberung von Paris 25. August).

Am 20.Juli unternahm eine Widerstandsgruppe unter der Anführung des Obersten Claus Schenk Graf von Stauffenberg im Führerhauptquartier Wolfsschanze in Ostpreußen ein **Bombenattentat auf Adolf Hitler.** Der Führer überlebte den Anschlag.

Ende September erreichten die Amerikaner und Engländer die deutsche Reichsgrenze im Westen. In auswegloser Lage wurde seit dem 18. Oktober der **Volkssturm** aufgestellt und die letzten Reserven (Jugendliche und Männer von 16 bis 60 Jahren) aufgeboten.

In der **Ardennenoffensive** seit 16. Dezember versuchte die Wehrmacht noch einmal, aber erfolglos, den Feind aufzuhalten.

Im Januar 1945 hatte die sowjetische Rote Armee das Reichsgebiet im Osten erreicht. Auf der **Konferenz von Jalta** auf der Krim vom 4. bis 11. Februar berieten Roosevelt, Churchill und Stalin über das Schicksal des Deutschen Reiches nach der zu erwartenden Kapitulation.

Am 25. April trafen amerikanische und sowjetische Truppen in Torgau an der Elbe aufeinander.

Am 28. April wurde Mussolini von italienischen Partisanen erschossen.

Ein Überblick IV

Der Zweite Weltkrieg

In absolut aussichtsloser Lage – Berlin war bereits größtenteils von sowjetischen Truppen besetzt – beging **Adolf Hitler** am 30. April **Selbstmord**. Am 2. Mai wurde die Reichshauptstadt an die Rote Armee übergeben.

Hungernde Einwohner von Berlin zerlegen ein Pferd

Bedingungslose Kapitulation der Wehrmacht durch Generalfeldmarschall Wilhelm Keitel

Die deutsche Wehrmacht kapitulierte am 7. Mai in Reims und am 8. Mai in Berlin-Karlshorst. Mit der bedingungslosen **Kapitulation** war der Zweite Weltkrieg im Westen zu Ende.

In Asien ging er bis zum 2. September 1945 weiter. Japan kapitulierte erst, als die USA die Städte Hiroshima und Nagasaki am 6. und 9. August mit **Atombomben** in Schutt und Asche gelegt hatten.

Aufgaben zu den Überblicken I bis IV

Aufgabe 1: Markiere die Kriegsereignisse, die du für besonders wichtig hältst und die du in deinem Gedächtnis speichern möchtest.

Aufgabe 2: Woran zeigt sich, dass Adolf Hitler einen Eroberungskrieg führte?

Aufgabe 3: Wie kam es zum Eintritt der bis dahin neutralen USA in den Krieg?

Aufgabe 4: Versuche dir die Lage der Zivilbevölkerung in Deutschland, England und Russland vorzustellen.

Aufgabe 5: Kurz vor seinem Selbstmord äußerte Hitler angeblich gegenüber seinem Lieblingsarchitekten Albert Speer: „... das [deutsche] Volk hätte sich als das schwächere erwiesen und dem stärkeren Ostvolk gehöre dann ausschießlich die Zukunft." – Hitler hatte ungeheures Leid und Elend über sein Land und über die Welt gebracht. Wie bewertest du diese Aussage?

Ein Überblick I - IV

Der Zweite Weltkrieg

Lösungen

Aufgabe 1: Individuelle Lösungen – Folgende Ereignisse sollten aber berücksichtigt werden:
- September 1939   Angriff auf Polen
- September 1939   Kriegserklärung Frankreichs und Großbritanniens an Deutschland
- 22. Juni 1941   Angriff auf die Sowjetunion
- 7. Dezember 1941   japanischer Überfall auf Pearl Harbor
- 11. Dezember   Kriegserklärung Deutschlands an die USA
- Ende 1942/Anfang 1943   Schlacht um Stalingrad
- 6. Juni 1944   alliierte Invasion in der Normandie
- 30. April 1945   Selbstmord Adolf Hitlers
- 7./8. Mai 1945   bedingungslose Kapitulation der Wehrmacht

Aufgabe 2: Hitlers Ziel war zunächst, deutschsprachige Gebiete für das Reich (zurück-)zugewinnen (Österreich, Sudetenland). Mit der Besetzung Tschechiens überschritt er die Volkstumsgrenze. Er machte das Gebiet als Protektorat Böhmen und Mähren völlig von Deutschland abhängig. Die Politik der Lebensraumgewinnung zeigte sich vor allem gegenüber Polen und dann vor allem gegenüber Russland (Sowjetunion). Hier sollten Deutsche angesiedelt und die bisherigen Bewohner versklavt werden.

Aufgabe 3: In den USA herrschte nach dem Ersten Weltkrieg eine große Kriegsmüdigkeit. Die Amerikaner zeigten keine Neigung, in die europäischen Querelen einzugreifen (Isolationismus, Neutralismus). Langsam begriffen sie, welche Gefahren von den europäischen Diktatoren (Mussolini, Hitler, Franco) ausgingen.

Die entscheidende Wende trat ein, als Japan im Dezember 1941 den amerikanischen Flottenstützpunkt Pearl Harbor auf Hawaii angriff. Das war eine Kriegserklärung. Die USA reagierten.

Aufgabe 4: Hier können viele Fakten genannt werden. Du solltest sie möglichst anschaulich mit Inhalten füllen:
- Sorge um Väter und Söhne, die Soldaten sind
- Versorgungsengpässe infolge des Krieges (Lebensmittelkarten, Bezugsscheine)
- Hunger in den von Deutschen besetzten Ländern
- Angst vor Terror, beispielsweise durch die Gestapo oder durch die Besatzungsstreitkräfte
- Angst vor Denunziationen
- ständige Bedrohung durch Luftangriffe: Zivilisten als Opfer und unermessliche Sachschäden (Luftschutzbunker, Trümmerstädte)

Aufgabe 5: Angesichts der ungeheuren Menschenopfer (über 50 Millionen) und der unvorstellbaren Zerstörungen, des Leids der vom Krieg in irgendeiner Weise betroffenen Menschen kann man diese Aussage nur als menschenverachtend und zynisch bewerten. Von Verantwortung für das Geschehene und von einem Eingeständnis der eigenen, größten Schuld ist hier nicht die Rede.

Erlebtes I

**INFOKARTE
Der Zweite Weltkrieg**

Das Leid und das Elend, das durch den Krieg millionenfach verursacht wurden, ist unbeschreiblich. Hier nur ganz wenige eindrucksvolle Beispiele. Lies sie und denke darüber nach. Weitere Aufgaben gibt es diesmal nicht.

Luftangriff auf Hamburg Juli/August 1943

„Das Feuer hatte sich zu einem Orkan entwickelt, der das Betreten des Freien meistens unmöglich machte. Der über viele Quadratkilometer tobende Feuersturm hatte unzählige Menschen rettungslos eingeschlossen. Nur die entkamen dem Tode, die rechtzeitig eine Flucht gewagt hatten oder sich so nahe am Rande des Feuermeeres befanden, dass eine Rettungsmöglichkeit überhaupt bestand. Nur wo die Wege zu rettenden Gewässern oder genügend großen freien Plätzen kurz waren, konnte jetzt noch eine Flucht gelingen, denn längere Wege in den glühend heißen, flammendurchloderten Straßen zurückzulegen, war unmöglich.

Viele dieser Flüchtlinge kamen auch dann noch durch die Hitze ums Leben. Sie fielen um, erstickten, verbrannten oder rannten tiefer ins Feuer hinein. Angehörige verloren sich, der eine konnte sich retten, die anderen sind verschollen. Viele hüllten sich in nasse Decken oder durchnässten ihre Kleider und fanden so Schutz vor der Glut. Nach kurzer Zeit waren Kleidung und Decken heiß und ausgetrocknet. Musste einer längere Wege durch diese Hölle zurücklegen, so fing die Kleidung an zu brennen oder die Decke geriet in Flammen und wurde durch den Sturm davongewirbelt. [...]

Die Schreckensszenen, die sich im Feuersturmgebiet abgespielt haben, sind unbeschreiblich. Kinder wurden durch die Gewalt des Orkans von der Hand der Eltern gerissen und ins Feuer gewirbelt. Menschen, die sich gerettet glaubten, fielen vor der alles vernichtenden Gewalt der Hitze um und starben in Augenblicken. Flüchtende mussten sich ihren Weg über Sterbende und Tote bahnen. Kranke und Gebrechliche mussten von den Rettern zurückgelassen werden, da diese selbst in Gefahr gerieten, zu verbrennen ... [...]

Es wird keiner Phantasie jemals gelingen können, die Szenen des Schreckens und Grauens zu ermessen und zu beschreiben, die sich in zahlreichen verschütteten LS[Luftschutz]-Räumen abgespielt haben."

(Bericht des Polizeipräsidenten nach den Luftangriffen auf Hamburg im Juli/August 1943. Mehr als 30.000 Menschen kamen dabei ums Leben.)

Hamburg nach den Luftangriffen

Erlebtes II

INFOKARTE Der Zweite Weltkrieg

Stalingrad

„Am Dienstag schoss ich mit meinem Wagen zwei T 34 zusammen. Die Neugier hatte sie hinter unsere Linien getrieben. Es war prächtig und eindrucksvoll. Nachher fuhr ich an den qualmenden Trümmern vorbei. Aus der Luke hing ein Körper, der Kopf nach unten, seine Füße waren festgeklemmt und brannten bis zum Knie. Der Körper lebte, der Mund stöhnte. Es müssen entsetzliche Schmerzen gewesen sein. Und es gab keine Möglichkeit, ihn zu befreien. Selbst wenn es diese Möglichkeit gegeben hätte, wäre er doch nach Stunden qualvoll gestorben. Ich habe ihn erschossen, und dabei liefen mir die Tränen über die Backen. Nun weine ich schon seit drei Nächten über den toten russischen Panzerfahrer, dessen Mörder ich bin."

(Letzte Briefe aus Stalingrad)

„Dass ich heimkomme, ist eine große Freude für mich und auch für meine liebe Frau, die Du doch bist. Wie ich aber nach Hause komme, wird Dir keine Freude sein. Ich bin ganz verzweifelt, wenn ich daran denke, als Krüppel vor Dir zu liegen. Aber Du musst es doch einmal wissen, dass meine Beine abgeschossen sind. – Ich will es ganz ehrlich schreiben. Das rechte Bein ist ganz zerschmettert und unterm Knie amputiert und das linke am Oberschenkel abgenommen. Der Oberarzt meint, mit Prothesen könnte ich herumlaufen wie ein Gesunder. Der Oberarzt ist ein guter Mann, und er meint es auch gut. Ich wünschte, dass er recht bekommt." (Letzte Briefe aus Stalingrad)

Umsiedlung aus den vom Deutschen Reich annektierten Gebieten ins polnische Generalgouvernement

„Es ist vorgekommen, dass auf jene Aussiedler geschossen wurde, die nicht innerhalb von 20 Minuten ihre Wohnung verlassen hatten. [...] Der gesamte von den Aussiedlern zurückgelassene Besitz wird konfisziert. Die Abschiebungen, die anfangs die Städte betrafen, und zwar besonders die Intelligenz und polnische Geschäftsleute, haben kurz darauf auch die Landbevölkerung erfasst [...]. Man treibt die Aussiedler für gewöhnlich nachts in Baracken und schickt sie von dort weiter ins Generalgouvernement, meistens in kleine Ortschaften, wo sie entsprechend der Größe ihres Grundbesitzes auf Güter und Bauerndörfer verteilt werden, oder man setzt sie einfach an irgendeiner kleinen Bahnstation ab. Unter dem Vorwand der Zollkontrolle werden den Aussiedlern ihre persönlichen Wertgegenstände weggenommen."

(Bericht des Generals Michał Tokarzewski-Karaszewicz, Januar 1940

Hungerblockade von Leningrad (Sankt Petersburg)

„Unserem Katerchen vielen Dank. Er hat uns zehn Tage lang ernährt."
(Schülerin Lena, Februar 1942)

„Mama ist nicht mehr! Mama weilt nicht mehr unter den Lebenden. Auch Aka ist nicht mehr da. Ich bin allein. Es ist unfassbar. Manchmal überkommt mich die Wut. Ich möchte schreien, kreischen, den Kopf an die Wand schlagen, beißen! Wie werde ich nur ohne Mama leben?" (Lena, Februar 1942)

Die von 1941 bis 1944 dauernde Blockade kostete etwa 1,1 Millionen Menschen das Leben.

Entrechtung und brutale Gewalt

Die Judenverfolgung

Von allem Anfang an vertrat die von Adolf Hitler diktatorisch geführte NSDAP einen aggressiven Antisemitismus. Unter anderem seien die Juden schuld am Ersten Weltkrieg und an der vernichtenden Niederlage des Deutschen Reiches im Jahr 1918. Im sogenannten „25-Punkte-Programm" von 1925 hieß es bereits: „Kein Jude kann daher Volksgenosse sein."

Die Entschlossenheit der Nationalsozialisten wurde in der Bevölkerung oft unterschätzt. Das galt auch für die in Deutschland lebenden Juden. Niemand konnte sich vorstellen, zu welchen Verbrechen die politische Führung fähig war. Niemand ahnte, dass viele Menschen die nationalsozialistische Rassenpolitik widerspruchslos hinnahmen und oft auch – absichtlich oder unabsichtlich – zu Unterstützern eines mörderischen Systems wurden.

Am 30. Januar 1933 war Hitler vom Reichspräsidenten Paul von Hindenburg zum Reichskanzler ernannt worden. Die Diskriminierung der Juden begann sehr bald. Im März kam es bereits zu ersten Verhaftungen. Am 1. April wurden jüdische Geschäfte sowie Arzt- und Rechtsanwaltspraxen durch die SA boykottiert („Deutsche kauft nicht beim Juden!"). Das am 7. Mai erlassene „Gesetz zur Wiederherstellung des Berufsbeamtentums" gab den neuen Machthabern die Möglichkeit, Juden und andere missliebige Personen aus dem Beamtenverhältnis zu entlassen.

Am 15. September 1935 wurden auf dem Nürnberger Reichsparteitag die **„Nürnberger Gesetze"** verkündet. Das Reichsbürgergesetz unterschied zwischen „Reichsbürgern" und „Staatsangehörigen", die von nun an unterschiedliche Rechte besaßen. In Deutschland war eine Zweiklassengesellschaft entstanden.

Das „Gesetz zum Schutze des deutschen Blutes und der deutschen Ehre" verbot Eheschließungen zwischen Deutschen und Juden und stellte geschlechtliche Beziehungen zwischen ihnen unter Strafe.

Infolge der ständig zunehmenden, hier gar nicht alle genannten Repressalien verließen bis zum Dezember 1937 120.000 Juden das Deutsche Reich. Seit Oktober 1938 wurden die Reisepässe der Juden mit einem großen roten „J" gekennzeichnet.

Die Verfolgungen verschärften sich dramatisch, in der sogenannten **„Reichspogromnacht"** vom 9. auf den 10. November 1938 (auch „Reichskristallnacht" nach den vielen glitzernden Glasscherben von zerschlagenen Schaufenstern und Kristalllüstern in den demolierten Geschäften und Wohnungen von Juden). – Anlass für das antijüdische Massenpogrom war der Racheakte eines jungen polnischen Juden an einem deutschen Legationsrat in Paris. Goebbels benützte diesen Vorfall, um eine breite Verfolgungsaktion im Reich zu organisieren. Vor allem SA-Verbände zerstörten weit über tausend jüdische Synagogen und verwüsteten israelische Friedhöfe. Im Zusammenhang mit dem Pogrom kamen etwa 400 Menschen durch Gewalteinwirkung oder durch Suizid ums Leben. 30.000 wurden in Konzentrationslager verschleppt. An die Stelle der zunehmenden Diskriminierung der Juden war nun die brutale, blutige Gewalt getreten.

Brennende Synagoge in Eisenach, 1938

Aufgabe 1: *Wie wurden die Juden Schritt für Schritt entrechtet?*

Aufgabe 2: *Warum war die Reichspogromnacht auf diesem Weg ein besonders bedrückendes Ereignis?*

Entrechtung und brutale Gewalt

Die Judenverfolgung

Lösungen

Aufgabe 1: Zunächst versuchte man die Juden durch psychischen Druck von der übrigen Bevölkerung zu trennen. Diesem Zweck diente der Boykott jüdischer Geschäfte am 1. April 1933. „Arische" Käufer in jüdischen Geschäften wurden beobachtet, denunziert und drangsaliert.

Boykott gegen jüdische Geschäfte, 1. April 1933

Im Mai 1933 wurden die meisten Juden aufgrund des Gesetzes zur Wiederherstellung des Berufsbeamtentums aus dem Beamtenverhältnis entlassen.

Einen tiefen rechtlichen und sozialen Einschnitt bedeuteten die Nürnberger Gesetze vom September 1935. Juden waren nun Menschen zweiter Klasse. Eheschließungen mit einer „arischen" Frau oder einem „arischen" Mann waren verboten. Ganz schlimm wurde es für die Menschen, die – nach nationalsozialistischer Auffassung – in einer „Mischehe" lebten. In der Folgezeit kam es zu vielen Suiziden, aber auch zu zahlreichen Ehescheidungen.

In ihren Reisepässen wurden die Juden seit Oktober 1938 mit einem roten J kenntlich gemacht.

Aufgabe 2: Die Reichspogromnacht war ein ungezügelter Gewaltexzess, der von Joseph Goebbels angezettelt worden war. Synagogen wurden in Brand gesteckt, Geschäfte zerstört und jüdische Friedhöfe verwüstet. Viele Menschen starben infolge brutaler Misshandlungen. Manche Juden wählten in ihrer Bedrängnis den Freitod.

Die Reichspogromnacht ließ Schlimmeres für die Zukunft erahnen. Die Brutalität steigert sich im Zweiten Weltkrieg zum millionenfachen Massenmord, dem Holocaust.

„Der Antisemitismus ist dem Nationalismus blutsverwandt und dessen bester Alliierter."

(Carl von Ossietzky)

Von der Diskriminierung zum Massenmord

Die Judenverfolgung

Die Schikanen gegen die Juden gingen weiter. Beispielhaft sei hier erwähnt, dass ihnen im Dezember 1938 verboten wurde, Autos und Motorräder zu fahren und zu besitzen.

Am 30. Januar 1939 verkündet Adolf Hitler im Reichstag:

> „Ich will heute wieder ein Prophet sein: Wenn es dem internationalen Finanzjudentum in und außerhalb Europas gelingen sollte, die Völker noch einmal in einen Weltkrieg zu stürzen, dann wird das Ergebnis nicht die Bolschewisierung der Erde und damit der Sieg des Judentums sein, sondern die Vernichtung der jüdischen Rasse in Europa."

Der Krieg kam bald. Bekanntlich begann er am 1. September 1939 mit dem Überfall auf Polen. Im von der Wehrmacht besetzten Gebiet waren die Juden vogelfrei. Im Februar 1940 entstand das Ghetto Lodz, im April 1940 das Konzentrationslager Auschwitz und im Oktober das Ghetto Warschau.

In den Ghettos wurden alle in der Umgebung lebenden Juden zusammengezogen (in Lodz zu Beginn 160.000 Menschen). Hier lebten sie unter unwürdigen Bedingungen. Den größten Teil ihres Eigentums hatten sie zurücklassen müssen.

Transport von Toten im Warschauer Ghetto zum jüdischen Friedhof

Das **KZ Auschwitz** zusammen mit dem Lager Auschwitz-Birkenau nahe der polnischen Kleinstadt Oswiecim ist deshalb besonders erwähnenswert, weil hier während des Krieges weit über eine Million Menschen ermordet wurden.

Im September 1941 wurde im Deutschen Reich der **„Judenstern"** als verpflichtendes Kennzeichen für alle Juden ab dem sechsten Lebensjahr eingeführt

Im gleichen Monat begannen in Auschwitz die Probevergasung, die eine schnelleres, massenhaftes Töten von Menschen ermöglichen sollte. Versuchsweise wurden kranke Häftlinge und sowjetische Kriegsgefangene mit dem Blausäuregas Zyklon B, das ursprünglich als Schädlingsbekämpfungsmittel entwickelt worden war, ermordet.

Im Oktober 1941 begannen die Deportationen der Juden aus Deutschland, Österreich und dem Protektorat Böhmen und Mähren. Zwischenstation auf dem Weg in den Tod war das Ghetto Lodz.

Aufgabe 1: *In welcher Zeit und wo wurde der millionenfache Mord an deutschen und europäischen Juden verübt?*

Aufgabe 2: *Was verrät der Begriff „Probevergasungen"? – Zyklon B war ein Schädlingsbekämpfungsmittel. Welche Gedankenverbindungen weckt dieser Begriff?*

Von der Diskriminierung zum Massenmord

Die Judenverfolgung

Lösungen

Aufgabe 1: Hitler und seine Schergen nützten den Krieg, um die „Judenfrage" endgültig zu lösen. Die Menschen in Deutschland hatten in dieser Zeit andere Sorgen. Aus dem besetzten Polen kamen fast keine Nachrichten. Wer beim Heimaturlaub zu viel von dem erzählte, was er im Besatzungsgebiet gesehen und erfahren hatte, geriet in Lebensgefahr. Im von der Wehrmacht besetzten Gebiet befanden sich die großen Vernichtungslager der Nazis.

Aufgabe 2: Die SS experimentierte mit verschiedenen Tötungsarten. Das Ziel war, eine möglichst reibungslose und massenhafte Tötung von KZ-Häftlingen zu ermöglichen. Es ging vorrangig um die technische Machbarkeit (industrialisierter Mord). Dass es sich bei den Häftlingen um Menschen, Frauen, Männer und Kinder handelte, interessierte nicht. Die Getöteten wurden, wenn ihre Leichen aus den Gaskammern gezerrt worden waren, im Krematorium verbrannt, ihre Asche verstreut. Niemand sollte wissen, wo sie geblieben waren.

Hitler hatte es bereits in „Mein Kampf" geschrieben, die Juden seien Schädlinge, und Schädlinge müsse man bekämpfen und vernichten. Und so geschah es dann auch. Das Blausäuregas wirkte so, wie es die SS erhofft hatte.

Verbrennungsöfen in Auschwitz

Eine Mordtechnik, die nicht überzeugt – Tötung durch Autoabgase (Kohlenmonoxid)

„Wenn der Wagen so voller Menschen war, dass niemand mehr hineinging, wurden die eisernen Türen zugeschlagen, und dann, dann wurde der Motor angelassen, und das Auspuffrohr brachte das tödliche Gas in das Innere des Wagens.

Da die Chauffeure, um schneller mit ihrer grausigen Arbeit fertig zu werden, den Motor auf höchsten Touren laufen ließen – vielleicht wollten sie auch nicht das Schreien der Unglücklichen hören – drang weniger Gas in das Wageninnere als vorgesehen war, sodass die Menschen in den Wagen nicht vergast wurden, sondern erstickten. Ihr Todeskampf muss furchtbar gewesen sein, denn die Leichen wiesen ausnahmslos Spuren von Blut auf, das ihnen aus Augen, Ohren, Nase und Mund gedrungen war." (Gerstein-Bericht)

Der Holocaust

Die Judenverfolgung

Auf der **"Wannsee-Konferenz"** am 20. Januar 1942 wurde die sogenannte **"Endlösung der Judenfrage"** erörtert. SS-Obergruppenführer Reinhard Heydrich, der dafür im Auftrag Hermann Görings zuständig war, bezifferte die Zahl der zu ermordenden Juden in Europa auf 11 Millionen.

Ab März wurden in Auschwitz-Birkenau die Gaskammern eingesetzt.

Im Juli erfolgten die Massendeportationen von Juden aus dem Warschauer Ghetto in die Vernichtungslager. Von ihnen kamen mehr als 250.000 nach Treblinka. –

Hier muss auch erwähnt werden, dass die **"Zigeuner" (Sinti und Roma)** das gleiche Schicksal erlitten wie die Juden. Im Januar 1943 ordnete das Reichssicherheitshauptamt an, dass alle in Deutschland und von der Wehrmacht besetzten Gebieten lebenden Zigeuner in Konzentrationslager verbracht werden sollten. –

Die im **Warschauer Ghetto** verbliebenen Juden wussten, was auch ihnen bevorstand. Als auch sie in die Vernichtungslager deportiert werden sollten, wagten sie einen verzweifelten Aufstand. Es konnte nicht anders sein. Die nur völlig unzureichend bewaffneten Aufständischen wurden von SS und Polizei im Mai niedergemacht.

Im Mai 1944 begannen die Massendeportationen von etwa 480.000 Juden aus Ungarn. Die meisten kamen nach Auschwitz.

Am 27.01.1945 erfolgte die **Befreiung des Konzentrationslagers Auschwitz** durch die sowjetische Rote Armee. Sie fand im Lager noch etwa 7.000 Gefangene vor. – Im Westen erreichten amerikanischen Truppen am 11. April 1945 das Konzentrationslager Buchenwald bei Weimar.

Erst jetzt wurde den alliierten Befreiern bewusst, welche ungeheuerlichen Verbrechen sich in Deutschland und in den besetzten Gebieten – fernab der Weltöffentlichkeit – abgespielt hatten. Vieles, was die sowjetischen und die amerikanischen Soldaten nun mit eigenen Augen sahen, hätte zuvor ihre Vorstellungskraft überstiegen.

Abtransport von Frauen und Kindern nach der Niederschlagung des Aufstands im Warschauer Ghetto, 1943

Aufgabe 1: *Was beinhaltet der Begriff "Endlösung der Judenfrage"?*

Aufgabe 2: *Die NS-Vernichtungslager befanden sich in Auschwitz-Birkenau, Majdanek, Belzec, Sobibor, Treblinka, Chelmno (Kulmhof) in Polen. Wozu wurden sie eingerichtet?*

Aufgabe 3: *Die Befreiung der Vernichtungslager durch die Alliierten führte zu einem tiefgreifenden Bewusstseinswandel. Inwiefern?*

Holocaust (grch. völlig verbrannt, Brandopfer). Der Begriff bezeichnet die Massenvernichtung der Juden im Dritten Reich. In Israel und bei den Juden wird in der Regel die Bezeichnung Shoah (hebr. großes Unglück) verwendet.

Der Holocaust

Die Judenverfolgung

Lösungen

Aufgabe 1: Mit der Endlösung der Judenfrage war die Auslöschung der gesamten jüdischen Bevölkerung im deutschen Machtbereich gemeint, also ein Völkermord in noch nie dagewesenem Ausmaß. Im Holocaust wurden insgesamt etwa 6 Millionen Menschen ermordet. Bei der Wannsee-Konferenz sprach Heydrich von 11 Millionen, die der Endlösung zum Opfer fallen sollten.

Aufgabe 2: Konzentrationslager für Juden, Sinti und Roma, Kommunisten und Sozialisten, Homosexuelle, Zeugen Jehovas, geistig Behinderte, „Asoziale" u. a. gab es in großer Zahl in Reichsgebiet und in den von der Wehrmacht besetzten Gebieten. Hier starben viele der Gefangenen durch unmenschliche Arbeitsbedingungen und durch Mangelernährung und Schikanen.

Die Vernichtungslager dienten allein der Vernichtung. Die hierher Transportierten wurden in der Regel bald nach ihrer Ankunft ermordet. Die Tötung wurde wie ein industrieller Vorgang durchgeführt („Todesfabriken"). Sie arbeiteten besonders „effizient", wenn die Unglücklichen in Gaskammern mit dem Blausäuregift Zyklon B getötet wurden.

Aufgabe 3: Die Soldaten, die die Konzentrationslager befreiten, hatten auf ihren Vormarsch von Osten und Westen an den Fronten viel Schreckliches erlebt. Was sie in Auschwitz und in anderen Konzentrationslagern sahen, überstieg ihre Vorstellungskraft. Das ganze Ausmaß der Verbrechen wurde erst deutlich, als die von ihnen befreiten Häftlinge über die Lagerhaft und die Todesmaschinerie berichteten.

Nun wurden die schrecklichen Perversionen auch der deutschen Bevölkerung bekannt. Viel war hinter vorgehaltener Hand – oft unter Lebensgefahr – bereits gemunkelt worden. Genaueres wusste fast niemand. Klar war, dass an diesem Unterdrückungs- und Mordsystem Tausende von Menschen beteiligt gewesen sein mussten, nicht nur SS-Leute und sadistische Verbrecher, vielleicht auch irgendjemand „von nebenan".

Das Entsetzen war groß. Allerdings fiel es vielen Menschen, die Hitler und den Unrechtsstaat jahrelang mitgetragen hatten, schwer, sich zu der eigenen Schuld zu bekennen. Noch heute kommt es gelegentlich vor, dass der Holocaust von Einzelpersonen – gegen besseres Wissen – geleugnet wird.

Nach der Befreiung: Bürger von Weimar werden gezwungen, die im KZ Buchenwald aufgefundenen Leichen anzuschauen, April 1945

Im KZ – Quellentexte zum Nachdenken

INFOKARTE
Die Judenverfolgung

„Der Häftling Schreiber, der ein Lieblingsopfer Schmidts war, wurde von ihm fast jeden Tag misshandelt. Er musste sich nackt ausziehen, auf einen Baum klettern und von oben herunterrufen: „Ich bin eine dreckige Judensau!" Er war oft zu schlapp, um auf den Baum zu kommen, und wurde dann von Schmidt solange geprügelt, bis er oben war. Als sein Kapo dem Kommandanten Pister diesen Fall vortrug, bezweifelte dieser die Richtigkeit, sagte aber doch zu, Schmidt solche Misshandlungen zu untersagen. Der trieb jedoch sein Handwerk unangefochten weiter."

(Konzentrationslager Buchenwald. Bericht des internationalen Lagerkomitees, 1946)

„Ich weiß, es wird an vielen Maßnahmen, die jetzt im Reich gegenüber den Juden getroffen werden, Kritik geübt ... Bewusst wird – das geht aus den Stimmungsberichten hervor – immer wieder versucht, von Grausamkeit, von Härte usw. zu sprechen. Ich möchte Sie bitten, einigen Sie sich mit mir zunächst, bevor ich weiterspreche, auf die Formel: Mitleid wollen wir grundsätzlich nur mit dem deutschen Volk haben, sonst mit niemandem auf der Welt ... Die anderen haben auch mit uns kein Mitleid gehabt."

(Generalgouverneur Hans Frank über die Endlösung im Generalgouvernement Polen, 1941)

„Eine halbe Stunde nach dem Einwurf des Gases wurde die Tür geöffnet und die Entlüftungsanlage eingeschaltet. Es wurde sofort mit dem Herausziehen der Leichen begonnen. [...] Den Leichen wurden nun durch das Sonderkommando die Goldzähne entfernt und den Frauen die Haare abgeschnitten. Hiernach [wurden sie] durch den Aufzug nach oben gebracht vor die inzwischen angeheizten Öfen. Je nach Körperbeschaffenheit wurden bis zu drei Leichen in eine Ofenkammer gebracht. Auch die Dauer der Verbrennung war durch die Körperbeschaffenheit bedingt. Es dauerte im Durchschnitt 20 Minuten. Wie schon an früherer Stelle gesagt, konnten die Krematorien I und II innerhalb 24 Stunden ca. 2000 Leichen verbrennen, mehr war, ohne Schäden zu verursachen, nicht möglich."

(Rudolf Höss: Kommandant in Auschwitz. Autobiographische Aufzeichnungen)

„Von meiner Wohnung aus sah ich, wie ein Russe seinen Essenskübel hinter den Block an der Kommandantur schleppte und eifrig darin herumkratzte. Plötzlich kam ein anderer um die Ecke, stutzte einen Augenblick, stürzte sich auf den im Kübel Herumkratzenden, stieß ihn ins geladene Hindernis und verschwand mit dem Kübel. Der Turmposten hatte dies auch beobachtet, konnte aber auf den Fliehenden nicht mehr schießen. Ich rief sofort den Blockführer vom Dienst an, ließ das Hindernis ausschalten und ging auch selbst ins Lager, um den Täter zu suchen. Der in den Draht Gestoßene war tot. Der andere konnte nicht mehr ausfindig gemacht werden. Es waren keine Menschen mehr. Sie waren Tiere geworden, nur noch auf Nahrungssuche aus." (Rudolf Höss, s. o.)

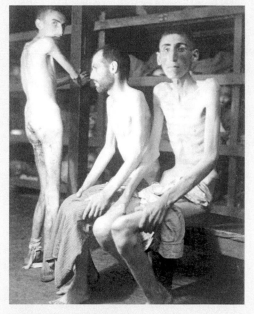

KZ-Häftlinge in Buchenwald

Entnazifizierung und Umerziehung

INFOKARTE – Ende des Nationalsozialismus

Am 30. Januar 1945 hatte Adolf Hitler mit einer Kugel seinem Leben ein Ende bereitet. Heinrich Himmler und Hermann Göring starben durch Gift. Joseph Goebbels und seine Frau vergifteten sich ebenfalls, nachdem sie zuvor ihre sechs Kinder mit Zyankali ermordet hatten. Am 8. Mai kapitulierte die Wehrmacht. Deutschland wurde von den alliierten Armeen besetzt. Alle Regierungsaufgaben wurden von den jeweiligen Oberbefehlshabern in ihren Besatzungszonen übernommen.

In der Folgezeit begann der schwierige Prozess der **„Entnazifizierung"** und der **„Umerziehung"**. Die Deutschen sollten sich zu der auf ihnen lastenden Schuld bekennen und – nach einer Übergangszeit – einen politischen Neuanfang wagen. Es lag im Wesen der Sache, dass die Westalliierten und die Sowjetunion sehr unterschiedliche Ordnungsvorstellungen vertraten.

Ab 1946 wirkten die sogenannten **Spruchkammern**, die sich aus Juristen und deutschen Laienrichtern zusammensetzten. Sie prüften, inwieweit Deutsche in der NS-Zeit Schuld auf sich geladen hatten. Das in der amerikanischen Besatzungszone geltende „Gesetz zur Befreiung von Nationalsozialismus und Militarismus" von 1946 unterschied fünf Gruppen:

1. Hauptschuldige (Kriegsverbrecher)
2. Belastete (Aktivisten, Militaristen und Nutznießer)
3. Minderbelastete (Bewährungsgruppe)
4. Mitläufer
5. Entlastete, die vom Gesetz nicht betroffen waren.

Die Hauptkriegsverbrecher wurden im **Nürnberger Prozess,** der vom November 1945 bis zum Oktober 1946 vor dem Internationalen Militärgerichtshof stattfand, angeklagt und verurteilt. Von den 24 Angeklagten wurden 12 zum Tode verurteilt. Weitere Nürnberger Prozesse folgten.

Die Politischen Leiter der NSDAP, die Gestapo und die SS (auch die Waffen-SS) wurden zu verbrecherischen Organisationen erklärt. Nicht zu dieser Gruppe zählten die Reichsregierung, das Oberkommando der Wehrmacht und die SA.

Das „tausendjährige Reich" war nach gut zwölf Jahren – vor allem auch wegen seiner verbrecherischen Kriege – am Ende. Es ist schwer zu verstehen, dass es heute immer noch Menschen gibt, die das Handeln führender Personen im Dritten Reich zu rechtfertigen versuchen und beispielsweise den Holocaust leugnen.

Bettelnder Kriegsinvalide, Essen 1948

Zeittafel

1914 - 18	Erster Weltkrieg
1919	Vertrag von Versailles
1919	Gründung der Deutschen Arbeiterpartei (DAP), der späteren NSDAP
1922	Mussolinis Marsch auf Rom, faschistische Machtergreifung in Italien
8./9. Nov. 1923	Putschversuch Adolf Hitlers in München
ab Oktober 1929	Weltwirtschaftskrise
30. Januar 1933	Ernennung Hitlers zum Reichskanzler, Beginn der Machtergreifung
23. März 1933	Ermächtigungsgesetz
30. Juni 1934	sogenannter „Röhm-Putsch"
2. August 1934	Tod Hindenburgs, Hitler „Führer und Reichskanzler"
Januar 1935	Rückgabe des Saargebiets an Deutschland
März 1935	Einführung der allgemeinen Wehrpflicht
September 1935	Nürnberger Gesetze zur Diskriminierung der Juden
Oktober 1935	Begründung der „Achse" Deutschland-Italien
März 1936	Einmarsch der Wehrmacht in das entmilitarisierte Rheinland
November 1936	Antikominternpakt zwischen Deutschland und Japan
13. März 1938	Anschluss Österreichs an das Deutsche Reich
Sept/Oktober 1938	Münchener Konferenz, Abtretung des Sudetenlandes an Deutschland
1. September 1939	deutscher Abgriff auf Polen, Beginn des Zweiten Weltkriegs
3. September 1939	Kriegserklärung Großbritanniens und Frankreichs an Deutschland
9./10. Nov. 1938	Reichspogromnacht gegen Juden und jüdische Einrichtungen
22. Juni 1941	deutscher Angriff auf die Sowjetunion
8. Dezember 1941	japanischer Überfall auf Pearl Harbor
11. Dezember 1941	deutsche und italienische Kriegserklärung an die USA
Januar 1942	Wannseekonferenz zur „Endlösung der Judenfrage"
ab November 1942	Einschließung der Wehrmacht in Stalingrad
Februar 1943	Kapitulation der Wehrmacht in Stalingrad
9./10. Juli 1943	Landung der Alliierten auf Sizilien
24./25. Juli 1943	Sturz Mussolinis in Italien
6. Juni 1944	Landung der Alliierten in der Normandie
20. Juli 1944	Attentat auf Adolf Hitler

25. April 1945	Zusammentreffen amerikanischer und sowjetischer Truppen in Torgau an der Elbe
28. April 1945	Erschießung Mussolinis
30. April 1945	Selbstmord Adolf Hitlers
8. Mai 1945	Kapitulation der Wehrmacht in Berlin-Karlshorst
6./9. August 1945	Atombombenabwurf über Hiroshima und Nagasaki
2. September 1945	Kapitulation Japans, endgültiges Ende des Zeiten Weltkriegs

Bildquellenverzeichnis

Seite 5: © jimlarkin - AdobeStock.com
Seite 9: © wikicommons - Verdun 1503 1914 Toter Mann 296
Seite 10: © wikicommons - Ausrufung Republik Scheidemann
Seite 11: © wikicommons - Signatures du traité de Versailles 28 juin 1919
Seite 12: © wikicommons - Bundesarchiv Bild_183-1983-0225-309
Seite 14: Quelle: Gottfried Feder: Das Programm der NSDAP und seine weltanschaulichen Grundgedanken. 136-145. Aufl. Franz Eher Verlag, München 1934;
© wikicommons - 5 milliarden mark
Seite 15: © wikicommons - Bundesarchiv Bild 146-1974-082-44
Seite 16: © wikicommons - Flag of the National Fascist Party (PNF);
© wikicommons - Flag of the German Reich (1935–1945)
Seite 17: © wikicommons - Nazi Germany NSDAP poster
Seite 18: © wikicommons - Le type aryen
Seite 20: © wikicommons - 6-03-30-Klagemauer Jerusalem RalfR-DSCF7673
© wikicommons - Doutielt3
Seite 22: © wikicommons - Charles Darwin
Seite 23: © wikicommons - Adolf Hitler - Mein Kampf (855. Auflage, 1943)
Seite 24: © wikicommons - A Jewish army doctor searches a prisoner of war's mouth for Wellcome V0015755
Seite 25: © wikicommons - Bundesarchiv Bild 102-13774
Seite 26: © wikicommons - Lenin and Stalin;
© wikicommons - Louis XIV of France
Seite 27: © wikicommons - Bundesarchiv Bild_146-1988-106-15
Seite 28: © wikicommons - Bundesarchiv Bild183-L0607-504
Seite 29: © wikicommons - Bundesarchiv Bild_146-1986-029-02
Seite 30: © wikicommons - Bundesarchiv Bild_102-17049;
© wikicommons - Bundesarchiv Bild 183-G00372
Seite 31: © wikicommons - Bundesarchiv Bild 146-1981-160-05
Seite 32: © wikicommons - Berlin Flak Scheinwerfer
Seite 34: © wikicommons - Bundesarchiv Bild 183-R96268
Seite 35: © wikicommons - Bundesarchiv Bild 102-14569
Seite 36: © wikicommons - Bundesarchiv Bild 102-12023
Seite 38: © wikicommons - Bundesarchiv Bild 102-02920A
Seite 39: © wikicommons - Bundesarchiv Bild 102-14439
Seite 40: © wikicommons - DBP 1973 Otto Wels
Seite 42: © wikicommons - Reichstagsbrand
Seite 43: © wikicommons - Bundesarchiv Bild 183-2006-0429-502
Seite 44: © wikicommons - Bundesarchiv Bild 102-14598;
© wikicommons - Bundesarchiv Bild 102-16108
Seite 46: © wikicommons - Stroop Report - Warsaw Ghetto Uprising 04
Seite 48: © wikicommons - Bundesarchiv Bild_183-S72707;
© wikicommons - Bundesarchiv Bild_151-39-23
Seite 50: © wikicommons - DR 1935 567 Saarabstimmung
Seite 51: © wikicommons - Bundesarchiv Bild_183-1987-0922-500
Seite 52: © wikicommons - gemeinfrei
Seite 53: © wikicommons - Bundesarchiv Bild_183-R69173
Seite 54: © wikicommons - Münchner Abkommen5+;
© wikicommons - Uprchlíci z Břeclavska
Seite 55: © wikicommons - Bundesarchiv Bild_183-2004-0813-500
Seite 56: © wikicommons - Jednotka SA pochodující na Karlově mostě
Seite 58: © wikicommons - Bundesarchiv Bild_183-H27337
Seite 60: © wikicommons - Bundesarchiv Bild_146-1972-025-10;
© wikicommons - Deutsche Christen Bekennende Kirche
Seite 61: © wikicommons - Zniszczony Dworzec Glówny w Warszawie wrzesien 1939
Seite 62: © wikicommons - Stalingrad-dead bodies;
© wikicommons - USS California sinking Pearl Harbor
Seite 63: © wikicommons - Bundesarchiv Bild_183-R77871
© wikicommons - Wilhelm Keitel, Kapitulation
Seite 65: © wikicommons - Hamburg after the 1943 bombing
Seite 66: © wikicommons - IAN archice 216 The Vokovo cemetery
Seite 67: © wikicommons - Eisenach Synagogue; November Pogroms (4408567247)
Seite 68: © wikicommons - Bundesarchiv Bild_102-14468
Seite 69: © wikicommons - Ghetto warszawskie Transport zwlok na cmentarz ´zydowski i station RKS SKR - Waschauer Ghetto
Seite 70: © wikicommons - Crematorium at Auschwitz I 2012
Seite 71: © wikicommons - Stroop Report - Warsaw Ghetto Uprising 06b
Seite 72: © wikicommons - Nazi Concentration Camp
Seite 73: © wikicommons - Slave laborers at Buchenwald
Seite 74: © wikicommons - Bundesarchiv Bild_183-R72903
Seite 75: © wikicommons - Volkssturm Armband